AF318544

L'ÉGYPTE NOUVELLE

au point de vue

ÉCONOMIQUE ET FINANCIER

OUVRAGES DE M. Edmond THÉRY

Sous l'Uniforme (1879) (librairie Calmann Lévy). . . . . 3 f. 50

La Crise financière (1882) (librairie de la Grande Encyclopédie financière et industrielle). . . . . » 75

La Question du Gaz à Paris (1882) — Id. —. . . . . 4 »

L'Unification de la Dette française. — Conversion et extinction progressive des divers Emprunts (1883) . . . . » 75

Les Chemins de fer économiques (1881). — Réseau de la Somme (librairie du *Progrès de la Somme*, à Amiens). . » 70

Les Réformes économiques nécessaires (Jules Lévy, éditeur), 1886. . . . . 3 »

La Concurrence du Saint-Gothard et le Chemin de fer de jonction (Rapport au Ministre du Commerce), 1887 . . » »

Les Conséquences du Percement du Simplon (Rapport au Ministre du Commerce), 1883. . . . . » »

Les Agences générales des Colonies anglaises (Rapport au Ministre du Commerce), 1884. . . . . » »

La Question de l'Argent en 1892 (Broch. *Économiste Européen*) (Épuisée) . . . . 1 »

La Question de l'Argent aux États-Unis en 1893 (Broch. *Économiste Européen*). . . . . 1 »

La Crise des Changes : La Baisse de l'Argent et ses conséquences. — La Situation monétaire du Monde. — Le Bimétallisme universel (1 vol., *Économiste Européen*), 1894, 4e éd. 3 »

Histoire des Grandes Compagnies de Chemins de fer français, dans leurs Rapports financiers avec l'Etat (1 vol., *Économiste Européen*), 1894, 6e édition. . . . . 3 »

La Serbie : Histoire, Economie, Finances (1 vol., *Économiste Européen*), 1895, 3e édition 1 50

Les Fonctions de la « Banque de France » (1 vol., *Économiste Européen*), 1895, 5e édition. 1 50

Réfutation des Objections présentées contre le « Bimétallisme international » (1 vol., *Ligue bimétallique française*), 1896, 4e édition. 2 50

De la Nécessité d'un Plan financier (1 broch., *Économiste Européen*), 1896, 2e édition . . . . 1 »

L'Évolution Industrielle et Commerciale (1 broch., *Économiste Européen*, 1897), 3e édition. . . . . 1 »

Les Valeurs Mobilières en France (1 vol., *Économiste Européen*), 1897, 4e édition **2 50**

Les Finances et le Change du Brésil (1 vol., *Économiste Européen*), 1898, 2e édition **1 50**

Europe et Etats-Unis d'Amérique, avec préface de M. Marcel Dubois (1 vol., librairie Ernest Flammarion), 1899, 2e édition **3 50**

La Situation Économique et Financière de l'Espagne après la guerre (1 broch. *Économiste Européen*), 1899. **1 ·**

Faits et Chiffres (Questions économiques d'actualité, 1 vol., *Économiste Européen*), 1899. . . . . **2 50**

La France Economique et Financière pendant le dernier quart de siècle (1 vol., *Économiste Européen*). 3me édition, 1900 . . . . **3 50**

Le Problème du Change en Espagne (1 broch., *Économiste Européen*), 1901. **1 50**

Le Péril Jaune, avec préface de M. d'Estournelles de Constant, (1 vol., librairie Félix Juven) 4e édit. 1901. . . . . . . **3 50**

Les Finances Ottomanes (1 broch. *Économiste Européen*), 1901. . . . . **1 50**

1890-1900. Histoire économique de l'Angleterre, de l'Allemagne, des Etats-Unis et de la France (1 vol., *Économiste Européen*) 4e édition, 1902 . . . . **3 50**

1890-1903. Situation économique et financière de l'Italie (1 vol. *Économiste Européen*) 4e édition, 1903. . . . . **3 50**

Les Conditions de l'Exploitation Minière au Transvaal, en 1899 et 1903 (1 broch. *Économiste Européen*), 3e éd. 1903. **1 50**

La Paix Armée (1 broch., *Économiste Européen*), 1903. . **1 50**

La Situation Economique et Financière de la Roumanie (1 broch. *Économiste Européen*), 1904 . . . . **1 50**

La Situation Economique et Financière de la Bulgarie (1 broch. *Économiste Européen*), 1904. . . . . **1 50**

Projet de Réforme monétaire et de création d'une Banque d'émission au Brésil (1 broch. *Économiste Européen*), 1904 ... ... **1 50**

La Grèce actuelle (1 vol. *Économiste Européen*), 4e éd. 1905. **3 50**

Le Septennat de M. Emile Loubet au point de vue économique (1 broch. *Économiste Européen*), 1906..... **1 50**

L'ÉGYPTE NOUVELLE

au point de vue

Économique et Financier

PAR

EDMOND THÉRY

Directeur de " L'ÉCONOMISTE EUROPÉEN

Prix : 3 fr. 50

PARIS

ÉCONOMISTE EUROPÉEN

11, RUE MONSIGNY, 11

1907

L'EGYPTE NOUVELLE

AU POINT DE VUE

ÉCONOMIQUE ET FINANCIER

———

I

Quelques pages d'histoire

L'histoire moderne de l'Egypte commence avec Méhémet-Ali, fondateur de la dynastie khédiviale actuelle. Méhémet-Ali, Rouméliote de naissance, homme d'audace et de grande intelligence, réussit à se faire nommer pacha du Caire et gouverneur de l'Egypte (1805), avec l'appui des Mameluks qu'il extermina, six ans plus tard, quand cette aristocratie d'esclaves militaires, rapace et turbulente, voulut menacer son pouvoir.

Sous les anciens Sultans mameluks, turcomans et circassiens (1254-1517), l'Egypte atteignit le plus haut degré de la civilisation orientale, mais la population indigène fut atrocement exploitée, et pendant les 263 ans qu'elle dura, leur domination ne présenta qu'une longue succession de guerres intestines, de conspirations, de révolutions de palais et de crimes. Aussi, quand le Sultan turc

Sélim Iᵉʳ s'empara de l'Egypte (1517), il la trouva livrée à une anarchie profonde et complètement ruinée.

Mais la domination ottomane (1517-1798) ne fut guère plus heureuse pour le pays que celle des Mameluks qui, d'ailleurs, reprirent bientôt leur ancienne puissance, et voici comment Napoléon Iᵉʳ, dans ses mémoires sur l'expédition d'Egypte, résume cette période de 281 années :

Sélim laissa 40.000 hommes pour garder sa conquête, et les divisa en sept corps de milices : six, composés d'Ottomans, le septième, de Mameluks. Il réunit, à cet effet, tout ce qui avait survécu à leur défaite. Il conféra à un pacha, à vingt-quatre boys, à un corps d'effendis, à deux divans, le gouvernement du pays. De ces vingt-quatre boys, l'un était le Kiaya ou lieutenant du pacha... Le corps des Mameluks, composé des plus beaux hommes et des plus braves, devint le plus nombreux. Les six premiers corps s'affaiblirent : bientôt ils ne furent plus en tout que 7.000 hommes, tandis que les Mameluks seuls étaient plus de 6.000. En 1606, la révolution fut entière; les Turcs furent éloignés des places et les Mameluks s'emparèrent de tout. Leur chef prit le nom de *Cheïkh el-Béled* (ou seigneur du pays). Le pacha tomba dans le mépris. En 1767, Ali-Boy, Cheïkh el-Béled, se déclara indépendant, battit monnaie à son coin, s'empara de la Mecque, fit la guerre en Syrie, s'allia aux Russes. Alors tous les boys furent, comme ils l'ont été depuis, des Mameluks. En 1798, chacun des vingt-quatre boys avait sa maison, plus ou moins nombreuse; les plus faibles avaient 200 Mameluks; celle de Mourad Boy était de 1.200. Ces vingt-quatre boys formaient une république soumise aux plus influents; ils se partageaient tous les biens et toutes les places...

On évalue à 50.000 les Mameluks (hommes, femmes, enfants) qui existaient en 1798. Ils pouvaient mettre 12.000 hommes à cheval.

A la bataille des Pyramides (21 juillet 1798) l'armée française tua 7.000 Mameluks ; en 1811, Méhémet Ali fit massacrer ce qu'il en restait.

Méhémet-Ali, dont la Porte avait sanctionné le pouvoir moyennant un tribut de 7 millions, fit tout son possible pour rendre à l'Egypte son ancienne splendeur. Il rétablit l'ordre dans le pays, créa une puissante armée, et pendant que ses fils, Toùsoùn et Ibrâhim, écrasaient les Ouahalis (1818), s'emparaient de la Nubie, du Sennâar, du Kordofan, — qui étaient annexés à la vice-royauté d'Egypte sous le nom de Soudan égyptien avec Khartoum comme capitale (1821-1822), — allaient secourir le sultan ottoman Mahmoûd contre les Grecs révoltés (1824-1829), et, deux ans plus tard, envahissaient la Syrie et l'Anatolie pour le punir de son ingratitude, lui-même demandait à la France, qu'il aimait beaucoup, des ingénieurs, des chimistes, des constructeurs, des mécaniciens, etc., etc... ; creusait des canaux et réparait les anciennes digues du Nil ; construisait de nouveaux barrages ; étendait la surface cultivable du Delta et de la Haute-Egypte et y introduisait de nouvelles cultures ; créait des manufactures et réussissait à développer la production et le commerce indigènes.

Mais Méhémet-Ali avait mal calculé ses moyens.

d'exécution et, pour réaliser la transformation économique qu'il voulait accomplir, il écrasa les fellahs — comme l'avaient fait les Mameluks — de corvées et d'impôts, leur enleva leurs terres, qui passèrent presque toutes à son domaine particulier, et réserva à son Trésor le monopole du commerce extérieur.

Et ces sacrifices, hors de proportion avec la puissance contributive du pays, ne donnèrent malheureusement pas les résultats que le vice-roi en espérait : les usines, les filatures de coton, les raffineries de sucre élevées à grands frais dans tous les chefs-lieux de province, tombèrent aussi rapidement en ruines qu'elles avaient été construites, par suite de mauvaise direction et d'insuffisante qualité de leurs produits. De sorte que lorsque Méhémet-Ali, atteint par une maladie mentale, abdiqua le pouvoir en faveur de son fils aîné Ibrahim (1848), la population égyptienne était presqu'aussi misérable qu'à la fin de la domination des Mameluks.

Ibrahim succéda à son père en vertu du traité intervenu entre Méhémet-Ali et la Porte, et ratifié par les grandes puissances (1841), assurant au vice-roi la possession de l'Egypte ainsi qu'à ses descendants mâles, par ordre de primogéniture, la Porte conservant ses droits de suzeraineté. Mais Ibrahim ne régna que quelques mois ; il fut remplacé, après sa mort, par son neveu Abbas-Pacha (10 novembre 1848) dont l'administration fut des plus médiocres.

En 1854, Abbas-Pacha meurt et Saïd-Pacha, quatrième fils de Méhémet-Ali, lui succède. « Saïd-Pacha — dit M. Paul Ravaisse dans une excellente étude sur l'Egypte —, qui avait quelque chose de l'intelligence hardie et civilisatrice de son père, avec une instruction européenne très étendue et infiniment d'esprit, poursuivit les réformes et les étendit. En deux ans, il abolit le trafic des esclaves, supprima les douanes intérieures ainsi que les monopoles, remit aux fellahs la liberté indivi-duelle et le droit de propriété, éteignit les anciennes dettes de l'Etat. C'est lui qui acheva le barrage du Nil, qui autorisa M. de Lesseps, son ami d'en-fance, à percer le canal de Suez et qui, le premier, créa la liste civile. »

Saïd-Pacha mourut en 1863 et fut remplacé par Ismaïl, fils d'Ibrahim, qui obtint de la Porte (1866) le droit d'hérédité pour ses fils, l'abolition de l'or-dre de primogéniture pour les branches collaté-rales et le titre de *Khédive* qui vient, dans le pro-tocole ottoman, immédiatement après celui de sultan.

Ismaïl maintint les institutions nouvelles, mais ce fut un effroyable dissipateur et sa déplorable administration conduisit l'Egypte à la banque-route et à l'amoindrissement de l'indépendance nationale qu'il avait rêvé de conquérir.

Dans le curieux livre, *Le Fellah*, publié un peu avant l'inauguration du canal de Suez, Edmond About, après avoir décrit la beauté artistique des mosquées du Caire et parlé de ces miracles de fine architecture que l'on appelle improprement les tombeaux des Khalifes et qui représentent une somme de travail accumulé que tous les bras de l'Egypte ne sauraient reproduire aujourd'hui, ajoute :

« Toutes ces œuvres, aussi bonnes que belles, datent d'un temps que l'histoire nous donne comme plus misérable et plus troublé que le nôtre. Comment les hommes d'alors ont-ils pu créer des merveilles que l'Egypte contemporaine ne sait pas même réparer ? Tout croule, tout périt, tout s'en va misérablement en poussière sans que les vivants d'aujourd'hui tentent même un effort pour étayer ces glorieuses ruines. Ils ont la foi pourtant, leurs âmes n'ont pas molli comme les nôtres depuis la construction de nos cathédrales gothiques. D'où vient que ces croyants laissent tomber les monuments du culte, quand notre scepticisme se met en frais au moins pour les entretenir ? En tous pays, les édifices publics créés par une contribution réelle ou personnelle figurent un trop-plein, un boni, l'excédent de la production nationale sur la consommation. Les Egyptiens que nous avons sous les yeux consomment aussi peu que possible et produisent, à ce qu'il semble, le maximum de travail corporel. C'est tout au plus s'ils peuvent se suffire et payer au Gouvernement une ration de strict entretien. Est-ce la terre qui a dégénéré? ou la race? ou l'Etat ? ou faut-il croire que le despotisme idiot des Mamelucks a creusé un abîme impossible à combler? »

Ces lignes, écrites plus d'un demi-siècle après l'extermination des derniers Mamelucks, prouvent que Méhémet-Ali et ses successeurs n'avaient guère amélioré la situation misérable de cette population docile, laborieuse, qui n'a jamais travaillé que pour les étrangers, sans profiter elle-même de sa peine, et dont Elysée Reclus disait, vingt ans après Edmond About :

« Les bas-reliefs des monuments nous montrent le peuple égyptien, il y a trois mille ans, courbé sous le fouet, comme il l'est encore aujourd'hui ; toujours opprimé, pressuré à l'excès, le fellah ne saurait se déplacer comme le Bédouin nomade ; dans l'immense plaine uniforme du Delta, ou dans l'étroite vallée du fleuve, il n'est pas une retraite dans laquelle il puisse tenter de se mettre à l'abri. Sa misère est sans issue, sans avenir, sans espoir, et pourtant il aime passionnément sa terre natale. Loin des bords du fleuve aimé, le fellah est envahi par la tristesse et meurt rongé par la nostalgie. »

Pour en revenir à notre histoire, le canal de Suez — dont nous parlerons dans un chapitre spécial — fut inauguré en novembre 1867; puis Ismaïl, reprenant la politique de conquête qui avait si bien réussi à son grand-père, étendit la domination de l'Egypte jusqu'aux grands lacs de l'Afrique équatoriale (1870-1876) et fit confirmer par le Sultan la quasi-indépendance du khédivat à l'égard de la Porte. Mais en dix années de règne, qui furent dix années de gaspillage financier, il emprunta en France et en Angleterre 2.500 millions de francs à des conditions tellement onéreuses, que la faillite devint inévitable.

Elle se produisit en mai 1876 ; Ismaïl dut accepter le contrôle étranger pour les finances de l'Egypte, puis, après trois années de tentatives de réorganisation administrative, deux contrôleurs, l'un Anglais, M. Rivers Wilson, l'autre Français, M. de Blignières, entrèrent comme Ministres dans le Cabinet égyptien (1879).

On sait ce qu'il en advint : Des conflits surgirent entre l'administration égyptienne et les représentants des créanciers ; Ismaïl refusa de se soumettre aux conditions stipulées en faveur du contrôle et destitua, purement et simplement, MM. de Blignières et Rivers Wilson. La France et l'Angleterre exigèrent la déposition d'Ismaïl et la Porte fit droit à leur requête en transmettant le pouvoir khédivial à Tewfik-Pacha, fils d'Ismaïl (25 juin 1879), avec approbation du contrôle anglo-français pour tout ce qui touchait aux finances de l'Egypte.

Dans un très remarquable ouvrage sur la *Question d'Egypte*, qu'il a récemment publié, et dans lequel il analyse, avec sa netteté habituelle, les diverses phases de la politique française en Egypte depuis l'expédition de Bonaparte jusqu'à nos jours, M. de Freycinet porte le jugement suivant sur la déposition d'Ismaïl :

Ainsi finit un prince, qui pouvait avoir un meilleur sort. Avec de grands défauts, il possédait des qualités fort appréciables. S'il était rusé, peu scrupuleux, vaniteux à l'excès, prodigue et fastueux, il avait de l'autorité, l'intelligence des affaires, il savait discerner ses vrais intérêts et se montrait capable de les bien servir. Sa réforme judiciaire, l'appui décisif qu'il a prêté à l'œuvre du canal de Suez, l'exécution de divers travaux utiles, prouvent qu'il n'était point fermé aux grandes idées. Si la France avait eu auprès de lui un agent vigoureux et habile, *permanent surtout* (1), elle aurait acquis sur son esprit beaucoup d'ascendant. Dans les circonstances importantes, la mise en mouvement du concert européen et, au besoin, l'évocation du pouvoir suzerain auraient maintenu Ismaïl dans une voie infiniment moins dangereuse que celle où l'on est entré par suite de sa révocation. Avec Tewfik accédait au trône un prince honnête, bien intentionné, de mœurs parfaites, économe, mais faible, sans prestige, d'intelligence étroite, ballotté entre des influences contraires et incapable de dominer une situation difficile. L'Égypte se trouvait vouée d'avance au trouble, à l'incohérence, et, finalement, au désordre et aux aventures.

En effet, les événements qui suivirent le rétablissement du contrôle financier, habilement exploités par les partisans d'Ismaïl, provoquèrent

---

(1) Pendant les deux ans et demi qui se sont écoulés entre la réforme financière de 1876 et la déposition d'Ismaïl, la France a eu trois représentants au Caire. Lord Cromer est en Égypte depuis plus de dix-huit ans.

une vive agitation dans les milieux musulmans égyptiens qui aboutit à l'insurrection du Soudan, où un nouveau madhi, Mohammed-Ahmed, proclama la guerre sainte (août 1881) et à la fameuse émeute militaire du Caire (9 septembre 1881), suscitée par le parti dit national égyptien dont le colonel Arabi était le chef reconnu.

Il est bon de rappeler ici dans quelles conditions la France et l'Angleterre, jusqu'alors parfaitement unies sur la politique à suivre en Egypte, se divisèrent en 1882, et d'expliquer comment l'Angleterre participa, seule, à la répression de l'insurrection militaire et au rétablissement du Gouvernement khédivial.

Le 11 juillet 1882, pendant que les puissances délibéraient à Constantinople, l'amiral Seymour bombardait les forts d'Alexandrie ; le 20 août suivant, le général Sir Garnet Wolseley débarquait à Port-Saïd avec 35.000 hommes, battait, huit jours plus tard, l'armée d'Arabi à Gafsasin et le capturait à Tell-el-Kébir, le 13 septembre, après un combat de quelques minutes.

Le parti national égyptien avait vécu et, avec lui, le contrôle anglo-français, qui fut supprimé le 11 janvier 1883 et, à partir de ce moment-là, l'Angleterre devint la seule maîtresse des destinées de l'Egypte tout en laissant subsister la fiction de la suzeraineté de la Porte.

Le refus de la France de prendre part au bombardement d'Alexandrie et d'intervenir en Egypte en dehors du concert européen n'avait pas, tout d'abord, altéré nos bonnes relations avec l'Angleterre. Le gouvernement, que présidait M. Gladstone, comprenait parfaitement les hautes raisons d'ordre international qui dictaient notre abstention et, désireux de maintenir l'accord franco-anglais, il nous proposa simplement de participer, avec lui, à la défense du canal de Suez dans le cas où cette grande voie universelle serait attaquée par les insurgés.

Le cabinet français, présidé par M. de Freycinet, adhéra à cette proposition : 1º Parce que le canal de Suez était une œuvre essentiellement française ; 2º parce que cette forme d'intervention était celle qui présentait le minimum de danger pour notre pays.

Le 24 juillet, les deux gouvernements télégraphièrent leur décision à Constantinople, où les puissances délibéraient toujours, et présentèrent à leur parlement respectif des demandes de crédit s'élevant à 9.410.000 fr. pour la France, dont l'action se trouvait strictement limitée à la défense du canal, et à 57.500.000 fr. pour l'Angleterre qui était absolument décidée, non seulement à protéger la grande voie navigable, mais aussi à rétablir, par ses propres moyens, l'ordre en Egypte, si aucune autre puissance européenne ne voulait se joindre à elle.

Le parlement anglais vota immédiatement les

crédits ; en France, la commission nommée par la Chambre des députés pour examiner la proposition du gouvernement, la rejeta par six voix contre cinq abstentions.

La commission avait été unanime à refuser les crédits parce que certains de ses membres prétendaient que la France devait aller en Egypte au même titre que l'Angleterre, c'est-à-dire pour protéger le canal et pour rétablir l'ordre, tandis que la majorité soutenait que l'intérêt de notre pays était de ne point immobiliser, dans une expédition lointaine, une partie de nos forces militaires.

Malgré l'éloquence de M. de Freycinet, qui s'efforça de prouver qu'en séparant la protection du canal de l'intervention proprement dite, la France conserverait une situation prépondérante en Egypte sans courir de grands risques, les crédits ne recueillirent que 75 voix, et le ministère fut renversé (29 juillet 1882).

Il suffit de se reporter aux débats de cette mémorable séance, et aux commentaires dont elle fut l'objet dans la presse française, pour comprendre que le vote de la Chambre répondait alors aux vœux du pays. En effet, l'attitude énigmatique de l'Allemagne à la Conférence de Constantinople avait inquiété l'opinion publique, qui se demandait si l'occupation du canal ne devait pas nous entraîner plus loin et nous créer des complications en Europe.

Ce n'est que plus tard, quand on vit avec quelle

indifférence les puissances européennes accep-
taient l'occupation de l'Egypte par l'Angleterre,
qu'on s'est mis à critiquer le vote du 29 juillet, qui
fit perdre à la France sa situation prépondérante
dans la vallée du Nil. Mais M. de Freycinet, dans
sa *Question d'Egypte*, a, lui-même, jugé l'acte
du parlement français d'une manière plus impartiale.

« Tout s'effaça, dit-il, devant ce qui apparaissait
à la majorité de la Chambre comme la loi suprême. Notre pays, pensait-elle, devait pendant un
certain temps encore se réserver, se recueillir. Qui
pouvait, au surplus, garantir la fin dernière de ce
conflit obscur? Quel sort attendait ceux qui s'y
seraient témérairement engagés? La France n'avait-
elle pas sur ses frontières des intérêts supérieurs
à ceux qu'elle possédait en Egypte? Au milieu de
l'Europe attentive la circonspection n'était-elle pas
doublement commandée? Ces craintes patriotiques
déterminèrent la conduite de l'Assemblée. »

Et quelques pages plus loin, M. de Freycinet
ajoute :

« Pendant la crise, je puis l'affirmer en ayant été
le témoin, les Anglais non seulement n'ont pas
voulu s'isoler de nous, mais ils ont cherché tout le
temps à s'assurer notre concours....

« Que depuis, le point de vue ait changé, qui s'en
étonnera? Il y aurait quelque naïveté à croire que
de si grands événements, de si gros risques cou-
rus, ne devaient pas altérer les situations respec-

tives. Pouvions-nous espérer, nonobstant notre trop prudente abstention, conserver l'égalité de traitement, continuer le *condominium?* Il eût mieux valu pour nous reconnaître tout de suite une inéluctable nécessité et déterminer à nouveau, dans un esprit de bonne entente, la part d'influence à laquelle il était rationnel de prétendre désormais. Nous eussions ainsi prévenu les froissements qui devaient affermir nos voisins dans la volonté d'être seuls les maîtres. Toute tentative que nous ferions pour maintenir le *statu quo ante* était fatalement condamnée à l'insuccès et tournerait à notre élimination progressive. Voilà ce que nous n'avons pas suffisamment compris et ce qui diminue beaucoup la légitimité de notre plainte ».

Quoi qu'il en soit, l'Angleterre resta maîtresse de l'Egypte et le colonel Arabi, après avoir été condamné à mort, puis gracié par le khédive et interné pendant dix-huit années à Ceylan, vit aujourd'hui en bon bourgeois au Caire avec une pension de 25.000 francs que le gouvernement égyptien lui sert.

Du côté des hordes fanatiques du madhi, les Anglais eurent moins de succès que contre l'armée d'Arabi. Leur premier grand désastre date du 5 novembre 1883 : ce jour-là le colonel Hiks-Pacha trouva la mort dans le Kordofan, où l'armée de Mohammed-Ahmed, forte de 40.000 combattants, le massacra avec ses 10.000 hommes ; puis, après une longue série de désastres qui se termina par la prise de Khartoum (26 janvier 1885) et par la mort de l'héroïque général Gordon, l'armée de secours anglo-égyptienne que le général Sir Garnet Wolseley commandait en personne dut battre en retraite et, au mois de juin 1885, le Soudan était évacué, le Dongola abandonné et la frontière égyptienne se trouvait reportée à Ouadi-Halfa, c'est-à-dire à la deuxième cataracte.

A la même époque, le madhi Mohammed-Ahmed mourait empoisonné dans sa capitale d'Omdourman et était remplacé par l'émir Abdoullah, qui prenait le titre de Khalife. Ce n'est que treize ans plus tard que le général Kitchener, par une brillante campagne qui se termina avec la célèbre bataille d'Omdourman (2 septembre 1898), dans laquelle l'armée du Khalifat fut anéantie, reconquit le Soudan égyptien.

C'est alors que survinrent les incidents relatifs à la mission Marchand, qui faillirent provoquer une guerre entre la France et l'Angleterre.

On sait que le but de la mission Marchand était de planter le drapeau français sur les bords du Haut-Nil, à Fachoda, et de prendre possession, au nom de la France, du Bar-el-Ghazal, contrée du Soudan égyptien que les victoires du Mahdi, la chute de Khartoum, la complète évacuation du Soudan par l'armée anglo-égyptienne en 1885, et surtout la Convention signée le 1er juillet 1890 entre l'Allemagne et l'Angleterre, en vertu de la-

quelle celle-ci se réservait le bassin du Haut-Nil
« jusqu'aux confins de l'Egypte », pouvaient permettre à la France de considérer comme définitivement perdue par l'Egypte et comme étant désormais
res nullius, c'est-à-dire « la chose sans maître ».

En devenant les premiers occupants de cette
chose sans maître, nous nous créions — à l'égard
de l'Allemagne et de l'Angleterre — un droit de
possession sur la contrée. « Mais il ne faut pas
perdre de vue, comme l'a dit si justement M. de
Freycinet, que notre droit restait précaire et con-
ditionnel, en ce sens qu'il devait s'évanouir dans
le cas où le Sultan, soit par lui-même, soit par son
délégué ic Khédive, tenterait de reprendre le
Soudan. »

L'anéantissement du Khalifat et la reprise de
Khartoum par l'armée anglo-égyptienne, que le
général Kitchener commandait en qualité de *sirdar*,
rendirent donc inutile l'héroïsme du commandant
Marchand et de sa vaillante petite troupe (200
hommes).

On n'a pas oublié les circonstances véritablement
dramatiques qui marquèrent l'entrevue de Marchand et de Kitchener à Fachoda, le rappel de la
mission française et les laborieuses négociations
qui aboutirent à la transaction du 21 mars 1899.
Pendant cette période, nous avons été à deux doigts
d'une guerre avec l'Angleterre : « Un peu par notre
faute, ajoute M. de Freycinet, puisque nous
n'avions pas su aller au-devant de revendications
fondées ; beaucoup par la faute des Anglais, qui

n'ont pas pris, vis-à-vis de nous, le ton cordial qui aurait rendu la solution facile. La situation s'est tendue à un degré que ne justifiait pas un intérêt en somme secondaire. Les rapports amicaux qui règnent actuellement entre les deux peuples me font un devoir de passer sous silence les détails de ces pénibles pourparlers. » Nous ferons comme M. de Freycinet, qui est un bon juge en la matière.

La reprise du Soudan n'a pas profité à l'Egypte au point de vue territorial, car, en vertu d'une convention signée entre le gouvernement anglais et le gouvernement khédivial en janvier 1899 (non ratifiée par la Porte, il est vrai), elle a perdu — au profit du Soudan, devenu gouvernement autonome avec Khartoum pour capitale — le port de Souakim sur la mer Rouge et le nord de la province d'Assouan au-dessus de la première cataracte. Faut-il ajouter que tous les pouvoirs, dans le Soudan égyptien, sont exercés par des fonctionnaires anglais et que l'autorité du khédive n'y est que nominale ?

Mais si l'Egypte, au point de vue territorial, n'a rien gagné à la nouvelle conquête du Soudan, il n'est cependant pas douteux que la reprise des relations commerciales avec la Haute-Nubie, le Sennàar, le Darfour, le Kordofan, le pays des Rivières et la région équatoriale des grands lacs — contrées que les Anglais se chargeront de mettre rapidement en valeur, et par lesquelles la grande ligne ferrée du Cap au Caire devra nécessairement passer — aura pour elle des conséquences économiques très heureuses.

Déjà un fort courant porte vers le Soudan les capitaux européens, et ce courant s'est surtout accentué depuis la signature de l'accord franco-anglais du 8 avril 1904, qui a donné au monde financier l'impression indiscutable d'une plus grande sécurité pour l'avenir de ce riche pays. L'Egypte a été la première à bénéficier de la pacification des provinces soudanaises ruinées par dix-huit années de guerre et d'anarchie politique, et elle sera également la première à tirer profit de leur mise en valeur, car elle deviendra le marché de leurs produits et l'intermédiaire naturel de leurs transactions avec l'étranger.

A la mort de Tewfik, survenue le 7 janvier 1892, son fils, le khédive actuel Abbas-Hilmi, terminait ses études à Vienne. En montant sur le trône d'Egypte, ce jeune prince — qui avait et qui a toujours eu une grande estime pour la France — manifesta, à l'égard de l'Angleterre, des symptômes d'indépendance qui se traduisirent par le renvoi immédiat du Président du Conseil et de trois autres ministres égyptiens dont les sentiments anglophiles étaient connus de tous.

Cet acte, coïncidant avec le salut que notre escadre lui avait adressé à son arrivée dans le port d'Alexandrie et avec diverses autres marques de sympathie que la presse française s'était empressée de souligner, fit un moment croire aux Anglais que la France allait essayer de les brouiller avec le jeune khédive.

Avec sa décision habituelle, le gouvernement britannique aborda la question de front et, comme le gouvernement français n'avait réellement pas l'intention de s'immiscer seul dans les affaires d'Egypte, l'acte d'Abbas-Hilmi n'eut pas de suite. La reprise du Soudan, l'incident de Fachoda et, il faut loyalement le reconnaître, l'habileté et le tact avec lesquels lord Cromer exerce en Egypte les délicates fonctions de représentant de la Grande-Bretagne, ont, depuis, progressivement amené le jeune khédive à accepter les conseils politiques et administratifs de sa puissante protectrice et à les suivre sans arrière-pensée.

C'est ainsi que fut signée par Abbas-Hilmi, le 19 janvier 1899, la convention établissant la co-souveraineté de l'Angleterre et de l'Egypte sur le Soudan égyptien, convention dont nous parlions plus haut et que M. de Freycinet considère comme radicalement nulle au point de vue du droit international.

En effet, il ne faut pas oublier que l'Egypte et le Soudan égyptien lui-même — nous l'avons constaté à nos dépens par l'incident de Fachoda — appartiennent à l'Empire ottoman, dont l'intégrité est assurée par les traités de Paris (1856) et de de Berlin (1875), sous le contrôle et la garantie du concert européen. En 1882, l'Angleterre n'a donc pas conquis l'Égypte, qui ne s'appartient pas elle-même : elle y a simplement rétabli l'ordre. En 1898, elle n'a pas repris le Soudan égyptien pour son propre compte, car cette contrée fait, comme l'Egypte, partie intégrante de l'Empire ottoman :

« Aux termes des firmans, dit M. de Freycinet, et particulièrement de celui de 1892, qui a donné l'investiture au khédive actuel, défense lui est faite de céder ou aliéner les privilèges accordés à l'Egypte, *ni aucune partie du territoire*. Le khédive est gouverneur général du Soudan au même titre que de l'Egypte. Il ne peut, pas plus au Soudan qu'en Egypte, se donner un substitut et lui transmettre les pouvoirs qu'il a reçus du Sultan. Il faudrait une nouvelle investiture. Or, le Sultan, ni aucune puissance, n'ayant adhéré à l'acte du 19 janvier 1899, la position de l'Angleterre au Soudan est actuellement illégale. La France, occupée à régler le litige de Fachoda, n'a pas réclamé ; les autres puissances, pour des motifs qui leur appartiennent, n'ont pas réclamé davantage. Mais leur silence n'a pas créé *le droit* et, à tout instant, la difficulté peut naître. »

L'accord récent qui a eu pour résultat de régler les points litigieux entre la France et l'Angleterre et qui a si heureusement rétabli l'*entente cordiale* entre les deux pays, ne peut donc modifier l'état politique actuel de l'Egypte : c'est d'ailleurs ce que l'article 1ᵉʳ de la convention du 8 avril 1904 déclare expressément.

Mais la renonciation de la France à réclamer, désormais, l'évacuation de l'Egypte et l'abandon de certains droits d'ordre financier qu'elle y possédait en vertu d'actes antérieurs à l'occupation britannique, ont cependant une importance capitale pour l'Angleterre, en ce sens que cette puissance voit ainsi disparaître la seule opposition européenne gênant son action dans la vallée du Nil, et qu'elle obtient, en faveur de l'administration financière indigène dont elle a la direction, la liberté de disposer de ressources considérables pour les chemins de fer de l'Etat, les canaux d'irrigation, le port d'Alexandrie, etc... et les grands travaux publics que les ingénieurs anglais proposent d'exécuter en Egypte et au Soudan.

L'opinion publique française a approuvé l'esprit et les termes de l'accord du 8 avril 1904, car elle a compris que le rôle que la France jouait, depuis près d'un quart de siècle dans la question égyptienne, était à la fois inutile et dangereux. Jamais aucune puissance — pas même l'Allemagne — ne l'a soutenue dans les réclamations qu'elle ne pouvait, d'ailleurs, adresser efficacement à l'Angleterre qu'à l'aide du concert européen. Dans ces conditions, il était préférable de nous entendre directement avec nos voisins et de tirer le meilleur parti possible de la situation : c'est ce que nous avons fait et personne, en Europe, n'a le droit de nous en blâmer.

II

Le Nil, son cours, son régime, son rôle économique

On peut comparer l'Egypte à un cerf-volant triangulaire, terminé par une longue queue. Le corps du cerf-volant, c'est le Delta ; la queue, c'est l'étroite vallée du Nil qui forme la Moyenne et la Haute Egypte (Saïd) jusqu'à la première cataracte, dite cataracte d'Assouan, puis qui se continue à travers la Nubie par de nombreuses sinuosités jusqu'à Khartoum, où le Bahr-el-Azraq (Nil bleu), descendant des hauts plateaux d'Ethiopie, se joint au Nil blanc, branche maîtresse du fleuve, arrivant du lac Nyanza après avoir franchi environ 3.200 kilomètres, c'est-à-dire la moitié de son parcours total.

« Les anciens disaient que le Nil prend sa source dans les montagnes de la Lune et c'est en effet dans l'Ou-Nyamouézé ou « pays de la Lune » que Speke a vu les affluents les plus méridionaux du système lacustre d'où s'échappe le Nil. Mais parmi ces tributaires, en est-il un que la longueur de son cours, sinon l'abondance de ses eaux, permette de considérer comme la branche maîtresse du fleuve? On cherche encore cette tête du

Nil ; comme au temps de Lucain, personne n'a eu la gloire de voir le Nil naissant, ou du moins ceux qui habitent ses bords en ignorent le rôle historique....

« C'est le Nil blanc qui maintient le courant jusqu'à la mer, mais c'est le Nil bleu qui porte l'inondation nourricière ; sans le premier fleuve, il n'y aurait pas d'Egypte ; sans le second, ce pays n'aurait point sa merveilleuse fertilité. Non seulement les rivières d'Ethiopie versent dans les campagnes du Delta l'eau fécondante, elles lui apportent aussi la terre qui renouvelle incessamment le sol, assurant à jamais le retour des moissons. C'est dans les montagnes éthiopiennes que s'explique le mystère du fleuve égyptien, grossissant chaque année et débordant sans cause apparente, puis rentrant dans son lit après avoir terminé son œuvre de fertilisation. » (Elysée Reclus.)

Le développement du Nil, de l'extrémité sud du lac Nyanza à la mer Méditerranée, est d'environ 6.200 kilomètres ; Elyséo Reclus lui donne près de 7.000 kilomètres en comprenant l'affluent supérieur du grand lac équatorial, dont le cours n'est pas encore déterminé. Au point de vue de la longueur, le Nil dépasse donc les grands fleuves de l'Asie et, en Amérique, il n'a comme rival que le Missouri-Mississipi, qui atteint 7.050 kilomètres. Mais le bassin du Nil n'a qu'une superficie approximative de 3.350.000 kilomètres carrés, tandis que celui du fleuve des Amazones — dont le parcours ne dépasse pas 6.000 kilomètres — atteint

7 millions de kilomètres carrés. Les bassins du Missouri-Mississipi et du Congo ont respectivement une superficie approximative de 3.496.000 et de 3.200.000 kilomètres carrés.

Les géographes ne sont pas encore d'accord sur la rivière maîtresse qui forme la tête du Nil, mais, selon Speke et Grant, c'est le Tangoureh, puissante rivière naissant dans les montagnes équatoriales, à plusieurs centaines de kilomètres au sud-ouest du lac Nyanza, qui mériterait ce titre.

Le lac Nyanza, ou Victoria-Nyanza d'après les cartes anglaises, est un des plus vastes bassins lacustres du monde et, en tous les cas, le plus vaste du continent africain. Il a une altitude de 1.190 mètres au-dessus du niveau de la Méditerrannée, représente une superficie de 66.500 kilomètres carrés — environ la huitième partie de la France — et se trouve juste sous l'équateur.

Recevant par le sud, l'est et l'ouest, les eaux d'une superficie approximative de 400.000 kilomètres carrés, il les déverse au nord par le Nil Sommerset, qui va lui-même traverser, après quelques chutes et rapides, le petit lac Gita-Nzigi et le lac Albert-Nyanza, dont l'altitude est de seulement 592 mètres et qui a 150 kilomètres de longueur sur 30 kilomètres de largeur.

Le Nil Sommerset n'est pas navigable ; il accomplit un trajet de 492 kilomètres, et sa pente, entre les deux grands lacs, atteint, en moyenne, 1.215 millimètres par kilomètre, soit une différence de niveau de 598 mètres entre son point de départ et son arrivée.

Du lac Albert à Gondokoro (408 kilomètres), le Nil blanc franchit encore plusieurs rapides et reçoit un certain nombre de grandes rivières qui augmentent son débit ; mais, à partir de Gondokoro, son cours se régularise et des barques, et même des vapeurs partant de Khartoum, situé à 1.855 kilomètres en aval, peuvent facilement le remonter.

Dans ce trajet — presque deux fois plus long que le cours de la Loire, le plus grand fleuve de France — le Nil reçoit un grand nombre d'affluents, dont le plus important, le Bahr-el-Ghazal. ou rivière des gazelles, venant de l'ouest, était l'objectif de la mission Marchand. Fachoda, situé sur le Nil blanc, à l'extrémité du Pays des rivières et des grands marais qui rendent souvent la navigation nilotique très difficile, se trouve a 866 kilomètres de Gondokoro, et à 989 kilomètres de Khartoum.

Au-dessous de Khartoum, c'est-à-dire en aval de la jonction des deux branches maîtresses, le Nil ne reçoit plus d'affluent visible en saison sèche ; mais pendant la période des pluies l'Atbara, descendant également des hauts plateaux éthiopiens comme le Nil bleu, lui apporte un volume considérable d'eaux limoneuses et le régime du fleuve n'est plus modifié jusqu'à son entrée sur le territoire de l'Egypte proprement dite.

C'est au confluent de l'Atbara et du Nil, à environ 290 kilomètres de Khartoum et à 90 kilomètres de Berber, que les ingénieurs anglais ont établi la tête de ligne de la voie ferrée qu'ils viennent de construire entre le Nil et la mer Rouge. Nous parlerons plus loin de cette ligne qui doit avoir une très grande importance pour l'avenir du Soudan.

De Khartoum au Caire, placé au sommet du Delta, le développement du Nil a 2.741 kilomètres et son cours est coupé par six cataractes. La 1re en partant de Khartoum, ou la 6e en venant du Caire, car les cataractes du Nil sont numérotées sur les cartes en remontant le fleuve, se trouve à Garri, entre Khartoum et l'Atbara. Cette cataracte n'est qu'un rapide formé par l'étranglement de la vallée, mais il suffit pour arrêter la navigation pendant la plus grande partie de l'année.

Il en est de même pour la 5e cataracte, entre Berber et Abou-Hamet, pour la 4e et la 3e qui constituent des séries de rapides. Dongola, la capitale de la Nubie, est situé en amont de la 3e cataracte, sur la rive gauche du fleuve.

Ouadi-Halfa, qui donne son nom à la 2e cataracte, marquait autrefois la frontière entre la Haute-Egypte et la Nubie, considérée comme province soudanaise. Nous savons que depuis la convention anglo-égyptienne de 1899 la frontière du Soudan a été reportée jusqu'à la 1re cataracte, dite cataracte d'Assouan.

Le bief formé par les cataractes d'Ouadi-Halfa et d'Assouan est très important au point de vue de la navigation nilotique non seulement parce qu'il permet de visiter Abou-Smibel — célèbre par les superbes ruines de ses temples et leurs statues colossales — et d'autres anciens monuments de l'époque ptolémaïque ou romaine : mais aussi parce qu'il sert de jonction à la ligne du Soudan — qui a son point de départ à Ouadi-Halfa même — et aux chemins égyptiens proprement dits, dont Assouan est le point terminus.

C'est à 55 kilomètres en aval d'Assouan, en tête du défilé de Gebel-Selseleh, qu'un savant ingénieur français, M. de La Motte, avait jadis proposé au gouvernement égyptien d'élever un puissant barrage devant transformer la plaine de Kom-Ombos en lac artificiel et permettre ainsi d'emmagasiner plusieurs milliards de mètres cubes d'eau qu'on aurait ensuite rendus au fleuve au moment de l'étiage.

L'idée de M. de La Motte, reprise par le gouvernement anglo-égyptien, a été appliquée à Assouan même où sir W. Garstin, conseiller britannique du ministre des travaux publics d'Egypte, a édifié un grandiose barrage, terminé depuis quatre années et sur lequel nous reviendrons plus loin.

Entre Assouan et le Caire la navigation n'offre

plus aucune difficulté. C'est la partie du fleuve la plus intéressante au point de vue archéologique; en outre de l'île de Philœ, la perle de l'Egypte, le domaine sacré de la déesse Isis, que l'on visite d'Assouan même — quand son gracieux temple et ses magnifiques palmiers ne sont pas submergés par les eaux du grand réservoir — on y rencontre successivement les ruines de Thèbes, de Louqsor, de Memphis, etc...., qui justifient, à elles seules, un voyage dans la Haute-Egypte.

C'est le Nil qui a fait l'Egypte, c'est de l'eau fécondante que les hauts plateaux éthiopiens et les grands lacs équatoriaux déversent dans le Soudan nilotique, que dépendent sa prospérité et son existence et c'est pour cela que Méhémet-Ali a conquis le Soudan et qu'il s'est efforcé d'améliorer le régime du fleuve en augmentant le volume d'eau dont les terres du Saïd et du Delta ne peuvent se passer.

Rappelons, à ce propos, que ce sont des ingénieurs français qui ont endigué le Nil, creusé les principaux canaux de la Haute, de la Moyenne et de la Basse-Egypte, construit les grands barrages du Delta, etc., et rendu possible, en 1837, la transformation de l'ancien système d'arrosage par bassins d'inondation se remplissant au moment des crues — ce qui ne permettait qu'une seule récolte annuelle — en un système d'irrigations permanentes qui procure maintenant deux, et quelquefois même trois sortes de récoltes sur la même surface.

« Sur cette terre d'Egypte, où l'on ne trouverait pas un pouce de terrain que n'ait foulé un pied français, ces hommes d'initiative ont imprimé partout la marque de leur activité et de leurs talents. Quelques rares détracteurs — qui n'en a pas? — ont osé avancer qu'il eût été possible de faire mieux.

« Simples conseillers techniques, isolés au milieu de fonctionnaires égyptiens, les Linant de Bellefond et les Mougel virent souvent leurs projets abandonnés dès les premiers coups de pioche ou, presque toujours, partiellement exécutés, par suite du caprice du Souverain, de la mauvaise volonté de ministres plus ou moins bien inspirés, ou du mauvais état des finances.

« Dans ces conditions, doit-on s'étonner des lacunes ou des solutions de continuité qu'on peut relever dans certaines de leurs créations? Évidemment non. Aux prises avec des difficultés que bien d'autres à leur place auraient jugées insurmontables, il faut s'étonner qu'ils aient pu accomplir de si grandes choses, et leur rendre une justice que leurs successeurs, il faut le reconnaître, ne leur marchandent pas.

« La situation faite aux ingénieurs prêtés à l'Egypte par le gouvernement britannique est toute différente de celle de leurs prédécesseurs français. Ils sont les maîtres absolus du ministère des Travaux publics et ils ont obtenu toutes les sommes qu'ils ont demandées pour l'exécution, dans son intégralité, du programme d'ensemble dont ils poursuivent la réalisation. C'est d'ailleurs dans ces seules conditions qu'il leur sera possible de le mener à bien » (1).

Ces lignes ont été écrites, voilà plus de quinze ans, par M. A. Chelu, ancien ingénieur du Soudan égyptien, sous le gouvernement du général Gor-

____

(1) *Le Nil, le Soudan et l'Egypte.* A. Chelu, 1891.

don, et il est juste de les rappeler ici, car les ingénieurs anglais, qui ont récemmment construit les magnifiques barrages d'Assouan et d'Assiout, n'auraient pu — malgré leur valeur technique incontestable — faire aussi bien et aussi vite, s'ils n'avaient été soutenus par l'admirable politique de lord Cromer.

Les cataractes et les rapides, si désagréables pour la navigation, sont des régulateurs naturels sans lesquels le Nil, sous l'action des pluies équatoriales, serait un torrent furieux et dévastateur pendant trois mois de l'année, et, à l'étiage, « un ruisseau coulant paresseusement entre deux rives sablonneuses et désertes ».

Le tableau suivant, donnant le débit du fleuve pendant une année de crue moyenne, à Berber, c'est-à-dire après la réunion des eaux de l'Atbara à celles du Nil blanc et du Nil bleu, offre une idée très exacte du régime nilotique : .

Débit du Nil à Berber pendant une année de crue moyenne

Périodes	Nombre de mois	Millions de mètres cubes		
		Débit total	Débit moyen mensuel	Débit moyen quotidien
Du 15 juillet au 15 octobre	3	70.649	23.546	763
Du 15 octobre au 15 janvier	3	80.353	10.119	330
Du 15 janvier au 15 juillet	6	27.232	4.533	150
Total	12	128.234	10.636	351

Sur ce volume, l'Atbara, qui ne coule ordinairement que du 15 juin au 15 septembre, figure pour un peu plus de 7 milliards de mètres cubes.

Des 128 milliards de mètres cubes d'eau débités par le Nil à Berber pendant les crues moyennes, 116 milliards, d'après M. Chelu, traversentla cataracte d'Assouan. Sur ce chiffre, 20 ou 25 milliards sont absorbés par l'irrigation de la Haute-Egypte et l'évaporation ; le reste, environ 90 milliards, passe au Caire et va alimenter les deux branches du Nil égyptien ainsi que les grandes artères d'irrigation du Delta. En théorie, on calculait, avant 1890, que plus de 40 milliards de mètres cubes allaient, en année de crue moyenne, se jeter dans la Méditerranée ou s'évaporaient sans profit pour l'Egypte.

Et cela s'explique aisément si l'on tient compte de l'extrême irrégularité du débit du fleuve qui donne au nilomètre de Rodah, situé à 4 kilomètres en amont du Caire, environ 66 milliards de mètres cubes pendant les quatre derniers mois de l'année, et seulement 24 milliards pendant les huit mois suivants, c'est-à-dire du 1er janvier au 31 août.

Mais le débit annuel lui-même varie dans des proportions considérables, selon l'importance des pluies équatoriales. Il peut s'abaisser à 75 milliards de mètres cubes avec une très mauvaise crue et atteindre, l'année suivante, 140 milliards de mètres cubes si la crue est très bonne, et c'est précisément ce qui est arrivé en 1877 et 1878.

Or, le but que les ingénieurs anglais poursuivent, au nom du gouvernement égyptien, c'est de régulariser le régime du Nil d'une manière aussi parfaite que possible, en retenant dans de grands lacs, artificiellement créés par des barrages bien choisis, l'eau du fleuve quand l'étiage s'élève au-dessus de la moyenne, pour la restituer ensuite quand le débit tombe au-dessous du niveau nécessaire aux irrigations.

C'est le programme que M. de La Motte avait proposé il y a une vingtaine d'années au gouvernement égyptien, et que sir W. Garstin a déjà réalisé en partie par la construction du réservoir d'Assouan et du réservoir complémentaire d'Assiout, situés, respectivement, à environ 680 et 400 kilomètres au-dessus du Caire.

On avait fait deux ordres d'objections au projet de M. de La Motte :

1° Le sort de l'agriculture égyptienne dépendrait uniquement d'un immense ouvrage d'art « dont la rupture entraînerait la ruine et la destruction, sinon totale, du moins partielle du pays » ;

2° Les eaux emmagasinées dans le réservoir y déposeraient la plus grande partie de leur limon et perdraient ainsi les éléments fécondants qui enrichissent la terre d'Egypte.

Les mêmes critiques ont été formulées contre le réservoir d'Assouan, qui avait, en outre, le grave inconvénient de submerger l'île Philœ et son célèbre temple :

« Les savants, les archéologues du monde entier s'émurent quand la construction du réservoir fut décidée et supplièrent qu'un autre emplacement fût choisi. Il eût été impossible de trouver, sur tout le parcours du Nil, un endroit aussi bien approprié et, entre le gracieux temple et les travaux qui devaient presque doubler la richesse agricole de l'Egypte tout entière, les ingénieurs n'hésitèrent pas et sacrifièrent Philœ. Cependant, il faut reconnaître que de très importants travaux furent exécutés pour consolider ce remarquable monument et le gouvernement n'a pas dépensé moins de 350.000 fr. dans ce but. Or, maintenant, il paraîtrait acquis que l'eau, qui aurait dû, d'après tous les calculs, détruire ce temple célèbre, l'a probablement sauvé (1). »

En ce qui concerne la solidité du barrage, M. de Guerville rapporte, en ces termes, l'opinion d'un célèbre archéologue qu'il ne nomme point :

« Ma conviction est qu'il ne résistera pas et que, à moins qu'on ne se décide à l'abandonner et à en venir au système de plusieurs réservoirs de moindre importance, le monde assistera un de ces jours à un cataclysme effroyable. Imaginez, si vous le pouvez, ce qui arrivera quand le barrage, crevant, laissera passer une vague de 100 milliards de mètres cubes d'eau, qui, s'abattant sur la vallée

____

(1) *La Nouvelle Egypte*. M. de Guerville. Paris 1905.

du Nil, entraînera avec elle les villes et les villages et anéantira la population tout entière. C'est là le danger que court l'Egypte. »

Sir W. Garstin, consulté par M. de Guerville, répondit en montrant une lettre de sir Samuel Baker dans laquelle ce grand ingénieur lui disait : « Je quitte le barrage après quinze jours d'études avec la confiance la plus absolue que vous n'avez pas à avoir la moindre crainte au sujet de sa stabilité permanente et pour des siècles à venir ».

Et c'est ce que lord Cromer a dit aussi dans son rapport sur l'année 1905 :

« Je tiens à avertir le public contre les rumeurs, mises de temps à autre en circulation et accusant le barrage de manquer de stabilité. Ces rumeurs sont entièrement dénuées de fondement. J'ajouterai que le nombre de personnes capables d'exprimer à ce sujet un avis quelconque, est extrêmement restreint. Je suis d'avis que dans ce nombre, on ne trouverait pas un seul individu qui n'eût la plus grande confiance dans la stabilité du barrage ».

Mais lord Cromer se fait également l'écho des reproches, plus ou moins fondés, qu'on adresse au grand réservoir d'Assouan au sujet de la perte d'éléments fécondants que les eaux retenues y subiraient.

Par exemple, en ce qui touche le coton, principale récolte de l'Egypte, il est établi que la quantité produite, qui était de 6.543.000 kantars (le kantar = 44 kilogs 493) en 1897-1898, a progressivement baissé jusqu'à 6.352.000 kantars en 1904-1905, bien que la surface plantée en coton ait constamment augmenté. De même, on affirme — d'après des personnes faisant autorité en la matière — que le coton égyptien est en train de perdre ses anciennes qualités.

« On a prétendu, dit lord Cromer, que la détérioration du coton égyptien était due en grande partie, aux effets du réservoir d'Assouan. L'on croit que cet ouvrage, en arrêtant le courant, force la vase à se déposer au fond du lit et prive ainsi l'eau de ses propriétés fertilisantes. »

Lord Cromer pense que cette opinion est erronée et que les deux faits signalés ont d'autres causes que nous examinerons au chapitre de l'Agriculture. Mais il a cru cependant utile de consulter sir W. Garstin, qui lui a répondu :

« A mon avis, une telle assertion dénonce une connaissance très limitée de la réalité. On ne commence à retenir l'eau dans le réservoir qu'en hiver après que la crue est passée. Cette retenue s'accomplit graduellement ; on ne retient que le surplus d'eau et le débit ordinaire continue à s'écouler dans le fleuve, faiblement diminué. Durant cette période, l'eau ne contient presque pas de sédiment. Quand l'ensemencement du coton commence, en mars, l'eau du fleuve est parfaitement claire. Tel a toujours été le cas avec le Nil, et le Réservoir n'a, en aucune façon, altéré les anciennes conditions du fleuve.

« Les affluents vaseux, tels que le Nil bleu et l'Atbara, cessent de couler longtemps avant cette période ou bien sont réduits à fournir une très petite quantité d'eau exceptionnellement limpide. Tous ceux qui ont visité ces fleuves durant l'été confirmeront cette constatation. Ainsi, l'Egypte, pendant les mois où le coton est d'abord planté et qu'il commence à croître, dépend entièrement de l'eau du Nil blanc. Celle-ci, après avoir été filtrée en passant à travers les grands marécages, ne contient de dépôt d'aucune sorte. Pendant la crue, le réservoir est complètement ouvert et il n'y a aucune réduction dans le débit du fleuve, qui passe à travers les vannes en emportant, sans retenue d'aucune sorte, toutes les matières en suspension dans ses eaux.

« Je ne comprends pas pourquoi on va chercher si loin l'explication de l'infériorité de la récolte, alors que d'autres raisons devraient se présenter naturellement à l'esprit. »

La réponse nous paraît topique et nous verrons d'ailleurs plus loin quelles sont les véritables causes qui ont provoqué, ces temps derniers, une diminution de la production et de la qualité du coton égyptien.

⁂

Les deux barrages d'Assouan et d'Assiout ont coûté 3.237.000 livres égyptiennes (la liv. égypt. = 25 fr. 925), auxquelles il faut ajouter 1.757.000 livres égyptiennes pour les travaux complémentaires exécutés dans la Moyenne Egypte en vue des irrigations nouvelles.

D'après les rapports officiels de lord Cromer, qui sont des merveilles de précision, la surface totale ayant bénéficié, jusqu'à la fin de 1904, du nouveau régime fluvial, est d'environ 1.276.000 feddans (le feddan = 4.200 mètres carrés).

L'augmentation de la valeur locative de ces terrains est évaluée à 1.553.000 liv. égypt. et l'augmentation de leur valeur vénale à environ 15.730.000 liv. égypt., c'est-à-dire un peu plus de 400 millions de francs.

Il ne restait plus, au commencement de 1905, que 246.000 feddans de terre soumis à l'ancien système de la submersion par bassins ; pour les convertir à celui de l'irrigation permanente, il faudra encore dépenser 1.424.000 liv. égypt., et lord Cromer estime, d'après les calculs de sir W. Garstin, qu'à la fin de 1908, tous les travaux de conversion étant terminés : pour une dépense totale de 166 millions de francs, on aura relevé de 69 millions de francs, *dans la Moyenne Egypte seulement*, la valeur locative des terres cultivables et de 690 millions de francs leur valeur foncière.

En outre de la plus-value acquise par les terrains convertis, le prix de location des surfaces affectées aux cultures d'été a augmenté d'une manière étonnante, ainsi qu'en témoignent les chiffres fournis par l'administration de la *Daïra-Sanieh.*

En effet, la superficie des terrains que la *Daïra-Sanieh* possède sur le canal Ibrahimieh était de 132.858 feddans en 1901 et de 131.457 feddans en 1905. Le prix moyen de location par feddan, qui n'atteignait que 3.68 liv. égypt. en 1901, avant la mise en œuvre des barrages, s'est progressivement élevé, d'année en année, jusqu'à 7.27 liv. égypt. en 1905, soit une augmentation d'environ 100 0/0 en quatre années.

Ramenés en francs et à l'hectare, ces prix de location représentent 227 francs pour l'année 1901 et 450 francs pour l'année 1905, c'est-à-dire un prix double de celui que l'on peut obtenir avec nos meilleures terres de la Beauce.

Or, les calculs précédents ne tiennent aucun compte des bénéfices que le nouveau régime nilotique a procurés au Delta et qui sont, dit lord Cromer, également très considérables.

On s'explique ainsi l'extraordinaire développement de la fortune immobilière égyptienne, survenue à quatre ou cinq années d'intervalle, et on comprend les immenses espérances que le programme grandiose de sir W. Garstin — dont les dernières études se poursuivent activement dans le Soudan — a fait naître sur les bords du Nil.

Le principe de ce programme, c'est d'abord de constituer à l'Egypte des réserves d'eau assez puissantes pour faire face à tous les besoins présents et futurs de son agriculture, puis d'utiliser l'excédent à la mise en valeur du Soudan.

Le débit annuel du Nil blanc pourra être considérablement augmenté si, comme on semble le croire, on parvient à détourner sa branche maîtresse des grands marais qu'elle traverse dans le

Pays des rivières, en rejetant son chenal plus à l'est, vers l'affluent du Sobat.

Le Nil blanc, complètement régularisé par de nouveaux barrages, servirait plus particulièrement à l'Egypte, tandis que les eaux du Nil bleu, emmagasinées dans de vastes réservoirs à établir dans les hautes vallées du Sennâar, seraient destinées à l'irrigation du Soudan oriental...., quitte à les restituer au Nil blanc si les circonstances en démontraient la nécessité.

Avec ce régime, les années de vaches maigres disparaîtraient complètement de l'Egypte, car, désormais, ses canaux d'irrigation recevant toujours le même volume d'eau, les effets désastreux des basses crues ne seraient plus à craindre.

Le fonctionnement des réservoirs d'Assouan et d'Assiout a déjà démontré, pratiquement, les avantages que la Haute et la Moyenne Egypte — où il ne pleut pour ainsi dire jamais, et dont les récoltes dépendent uniquement de l'eau que le fleuve bienfaisant leur apporte des régions équatoriales — et le Delta lui-même, doivent retirer de la généralisation du système.

En effet, pendant les mois de juin et de juillet 1905, l'étiage du Nil est tombé au plus bas niveau connu et le volume passant à la cataracte d'Ouadi-Halfa, immédiatement au-dessus du barrage d'Assouan, a été le plus faible débit enregistré jusqu'alors. Les restitutions du grand réservoir d'Assouan, habilement effectuées, ont sauvé la situation, et lord Cromer a pu dire, dans son dernier rapport : « Sans l'assistance prêtée au moment le plus critique par le réservoir d'Assouan, il est presque absolument certain que la récolte eût été fortement attteinte. Il est difficile d'estimer quelle aurait été l'étendue du dommage, mais il est hors de doute qu'il eût été considérable. Avec le peu d'eau qu'il y avait, tous les efforts du personnel, quelque grands qu'ils eussent été, n'auraient pas suffi à assurer l'irrigation des surfaces mises en culture. »

Or, le relèvement de l'étiage, obtenu par la décharge du réservoir, a permis de maintenir les canaux d'irrigation à un niveau normal, jusqu'à la crue, qui a été très tardive et très faible. Et on a même constaté que les surfaces non irriguées, dites *charaki*, ont été seulement de 45.000 feddans, contre 188.137 feddans en 1898, année de basse crue, moins mauvaise cependant que celle de l'année 1905.

Le programme de Sir W. Garstin a été exposé dans un rapport spécial que lord Cromer, a longuement analysé en 1904. Les dépenses que l'exécution de ce programme doit imposer au Gouvernement égyptien sont approximativement évaluées à 556 millions de francs, dont 338 millions pour le Soudan et 218 millions pour l'Egypte. Mais lord Cromer a eu soin de faire observer — et il a répété l'observation dans son rapport général de 1905 — que les dépenses à effectuer dans le Soudan étaient surtout destinées à l'amélioration du régime du Nil blanc et profiteraient, par conséquent, beaucoup plus à l'Egypte qu'aux provinces soudanaises.

Ajoutons, pour terminer ce chapitre, que les études relatives au Soudan ne seront pas achevées avant la fin de l'année prochaine, et que la surélévation du barrage d'Assouan — comprise dans le programme Garstin — est provisoirement abandonnée, les mathématiciens chargés du calcul des nouvelles pressions n'ayant pu se mettre d'accord sur la force de résistance du barrage.

III

La Dette publique de l'Egypte

L'histoire politique de l'Egypte et les diverses phases de sa situation économique et financière, sont étroitement liées au développement de sa dette publique : c'est donc l'histoire de cette dette qu'il convient de résumer pour apprécier l'importance des résultats obtenus par l'administration anglaise.

Le premier emprunt égyptien fut émis en août 1862, à la fin du règne de Saïd Pacha : 2.195.200 livres sterling à 7 0/0, que MM. Frühling obtinrent à 82 1/2 0/0 du vice-roi et qu'ils émirent en août 1862 à 84 1/2 0/0. Cet emprunt, sur lequel Saïd-Pacha ne reçut en réalité que 1.811.040 liv. st., représentait, pour les contribuables égyptiens, une charge annuelle de 175.616 liv. st., intérêt et amortissement compris, soit environ 9,70 0/0. Il était destiné à liquider la dette flottante du vice-roi et avait pour garantie les revenus de certaines provinces du Delta.

A l'avènement d'Ismaïl (1863), la dette totale de l'Egypte fut évaluée à 367 millions, d'après un inventaire dressé par le nouveau vice-roi lui-même;

mais ce total comprenait le prix de 176.602 actions du canal de Suez, qui furent vendues au gouvernement anglais pour 3.976.583 livres sterling en 1875. Cette dette, de 367 millions de francs, avait en partie pour origine les sommes versées à la Compagnie de Suez par le gouvernement égyptien, mais les énormes emprunts qu'Ismaïl contracta entre 1864 et 1873 n'eurent d'autres excuses que sa folle prodigalité et la complaisance excessive des banquiers européens qui exploitèrent ses incessants besoins de capitaux.

Le dernier emprunt d'Ismaïl fut l'emprunt 7 0/0 de 1873, émis par la *Banque Ottomane*, la *Société Générale* et MM. Bischoffsheim et Goldschmidt, au taux de 79 0/0 pour un capital nominal de 32 millions de livres sterling ou 800 millions de francs. Il ressortait, avec un amortissement de 1 0/0, à un peu plus de 10 0/0. Il était destiné à éteindre la dette flottante, qui s'élevait alors à 700 millions de francs, malgré les emprunts antérieurement contractés, et avait pour garanties spéciales les recettes des chemins de fer de l'Etat égyptien, les contributions personnelle et foncière et la taxe sur le sel.

Cet emprunt ne fut couvert qu'en partie et les titres qui le représentaient se déprécièrent rapidement, ainsi, d'ailleurs, que toutes les autres valeurs égyptiennes négociables à Paris, à Londres et à Berlin. Pour remédier à cet échec, qui lui coupait définitivement tout crédit sur le marché public européen, Ismaïl dût recourir à une série d'opérations usuraires telles qu'une émission de 200 millions de francs de bons du Trésor à des taux d'intérêt variant entre 10 et 15 0/0, une émission de 125 millions du *Rouznameh*, caisse de l'Etat qui servait à ses déposants un revenu de 10 0/0 du capital versé, et, enfin, la vente des 176.602 actions du Canal de Suez qu'il possédait et dont les coupons d'intérêt avaient déjà été escomptés et détachés des titres pour une période allant du 1er janvier 1870 au 1er juillet 1894.

On offrit d'abord ces actions à un groupe financier français, mais le cabinet Buffet, pour des raisons d'ordre politique que M. de Freycinet a parfaitement expliquées dans sa *Question d'Egypte*, se montra très hésitant ; le ministère anglais, qui avait eu vent de l'affaire, le fut moins et, sans consulter le Parlement — formalité dont le cabinet français n'aurait pu se dispenser — il acheta, le 25 novembre 1875, pour 3.976.583 livres sterling (100.290.000 fr.) les actions khédiviales : ce qui lui assurait à la fois la prépondérance dans l'administration du canal et un excellent placement (1).

En effet, les actions de Suez, dont le cours moyen, en 1874, avait été de 422 fr. 19 et le prix moyen d'achat du gouvernement britannique de 568 fr., ont valu en moyenne 4.661 fr. en 1905. Les 176.602 actions d'Ismaïl représentaient ainsi un

---

(1) Sous le titre : L'*Achat des Actions de Suez*, M. Charles Lesage vient de publier à la librairie Plon-Nourrit, une très intéressante brochure qui jette un nouveau jour sur cette question.

capital de 788 millions de francs et, depuis 1875, le Trésor anglais — qui les a précieusement conservées à la souche — a encaissé : 1° de 1876 à 1894, un intérêt annuel de 5 0/0 payé par le gouvernement égyptien lui-même en représentation des coupons escomptés en 1870, soit 95 millions de francs pour 19 années ; 2° depuis 1895 jusqu'à 1906 inclusivement, près de 230 millions de dividendes, dont 26.725.000 fr. afférents au dernier exercice social.

Ces expédients, loin d'améliorer la situation financière de l'Egypte, l'aggravèrent irrémédiablement et, le 8 avril 1876, un avis affiché à la Bourse d'Alexandrie annonçait que les échéances d'avril et de mai étaient prorogées pour trois mois ! Mais devant les énergiques protestations que cette mesure par trop radicale soulevait en Europe, Ismaïl, qui avait déjà essayé de négocier un arrangement avec l'*Anglo-Egyptian Bank* (19 février 1876), se décida à signer, les 2 et 7 mai suivants, des décrets instituant la *Caisse de la dette publique.*

La Caisse de la dette devait être administrée par des commissaires désignés à l'agrément du khédive par les gouvernements français, anglais, austro-hongrois, allemand, italien et russe, et elle avait pour mission « de recevoir les fonds nécessaires au service des intérêts et de l'amortissement de la dette et de les destiner exclusivement à cet objet ». Le gouvernement égyptien ne pouvait, sans l'avis conforme desdits commissaires, réduire les impôts ou les recettes spécialement affectés à la dette et il s'engageait, en outre, « à n'émettre aucun bon du Trésor, ni aucun nouveau titre et à ne contracter aucun autre emprunt de quelque nature que ce soit ».

La France désigna M. de Blignières comme représentant des créanciers français et l'Angleterre Sir Evelyn Baring, devenu depuis lord Cromer.

Le capital de la dette, fixé à 2.228 millions de francs, devait recevoir un intérêt réduit à 6 0/0, plus 1 0/0 pour l'amortissement. Les impôts et revenus affectés à ce service représentaient — sur le papier — 6.475.256 liv. st., soit environ 162 millions de francs. Mais on comprit bien vite que le fonctionnement de la Caisse de la dette ne donnerait de bons résultats que si la rentrée des impôts et revenus affectés était elle-même sérieusement surveillée : d'où de nouvelles négociations engagées entre Ismaïl, la France et l'Angleterre, qui aboutirent au fameux décret du 18 novembre 1876 créant le contrôle et établissant le *condominium*, ou action commune de la France et de l'Angleterre, sur les finances égyptiennes.

Les titres I et II du décret du 18 novembre 1876 fixaient le montant de la dette, divisée en quatre séries, en déterminaient le taux de l'intérêt, le mode d'amortissement et précisaient, par cela même, le rôle de la Caisse de la dette; le titre III avait une importance plus capitale en ce sens qu'il était spécialement consacré à définir les attributions de *deux contrôleurs généraux*, chargés : l'un, du contrôle des recettes de l'Etat, et l'autre, du contrôle de la comptabilité et de la dette publiques.

Par les articles 8, 9, 10, 11 et 12, les deux contrôleurs généraux, qui devaient être l'un anglais et l'autre français (art. 13), étaient investis des pouvoirs les plus étendus. Ils s'en servirent avec modération mais ils eurent à lutter, dès leur entrée en fonction, contre la résistance des administrations locales et l'hostilité systématique de presque tous les fonctionnaires égyptiens, qui se sentaient menacés dans leurs intérêts.

Les réformes que les contrôleurs généraux préconisaient, pour ramener progressivement les finances de l'Egypte à une situation normale, auraient pu facilement aboutir si le khédive l'avait sérieusement voulu; mais il n'en fut rien : ayant subi l'établissement du contrôle sous la pression des événements et par crainte d'une banqueroute dont il redoutait les conséquences immédiates, Ismaïl, une fois l'orage passé, chercha d'abord à paralyser l'action des deux contrôleurs généraux, puis il voulut supprimer le contrôle lui-même...

L'année 1877 fut laborieuse; les impôts rentrèrent péniblement, de nombreux conflits éclatèrent entre le contrôle et le ministère des finances égyptien, qui continuait à opérer comme par le passé sans tenir compte du décret du 18 novembre 1876.

Ismaïl en profita pour obtenir l'adhésion de l'Angleterre et de la France à la réunion d'une grande commission d'enquête internationale, ayant les pouvoirs les plus étendus et chargée « d'étudier tous les éléments de la situation financière en tenant compte des droits légitimes du gouvernement ».

Ismaïl escomptait une division entre la France et l'Angleterre parce que les deux pays ne semblaient pas toujours d'accord sur les mesures à prendre en vue du contrôle et il espérait que l'enquête remettrait tout en question. Mais l'événement lui donna tort, car la commission nommée par décrets des 27 janvier et 30 mars 1878 lui adressa, le 13 août suivant, un rapport absolument écrasant pour son administration personnelle. Les conclusions de ce rapport le rendaient individuellement responsable du nouveau déficit évalué à 250 millions de francs, et réclamaient, pour le liquider, l'abandon de la totalité des biens des diverses *daïrahs*, c'est-à-dire des domaines du khédive et de sa famille.

***

Cette fois encore Ismaïl, pris à son propre piège, dut se soumettre : il constitua, le 28 août, un ministère *responsable*, sous la présidence de Nubar-Pacha, et les deux contrôleurs généraux, sir Rivers Wilson et M. de Blignières, devinrent l'un, ministre des finances, et l'autre ministre des travaux publics. Le contrôle restant dès lors sans objet — puisque les deux ministres avaient la direction effective des deux départements que visait ce contrôle — fut supprimé par décret du 8 décembre 1878, mais avec cette réserve expresse « qu'il serait rétabli *ipso facto* si, à un moment quelconque, l'un des deux ministres étrangers venait à être relevé de ses fonctions sans l'assentiment de son gouvernement ».

Conformément aux conclusions de la commission d'enquête, Ismaïl consentit à abandonner les biens de sa famille *(les daïrahs)* à l'Etat pour gager un emprunt de liquidation de 8.500.000 livres sterling, ou 214.625.000 fr., destiné à rembourser le déficit constaté. Ces biens représentaient des immeubles et 425.729 feddans de terres (environ 252.000 hectares) avec un revenu annuel estimé à plus de 10 millions de francs (422.426 livres sterling).

En cas d'insuffisance du revenu, l'emprunt jouissait de la garantie générale de l'Etat et, pour plus de sûreté, l'administration des *daïrahs* était confiée, jusqu'au complet amortissement de l'emprunt, à une commission spéciale de trois membres : un anglais, un français et un égyptien.

L'emprunt des daïrahs, dit « *Obligations domaniales hypothécaires 1878* », a été émis à Londres et à Paris, le 12 novembre 1878, par les maisons Rothschild, au taux de 73 0/0, ou 368 fr. 65, par obligation de 505 fr., rapportant 5 0/0 d'intérêt annuel, ou 25 fr. 25 par obligation. A ce prix, les obligations constituaient un placement net do 6,85 0/0, non compris la prime de remboursement.

Le 1er juin 1893, l'intérêt originel de l'emprunt fut abaissé de 5 à 4 1/4 0/0 par voie de conversion, le cours moyen des obligations ayant atteint 548 fr. en 1892. A la fin de 1905, il ne restait en circulation qu'un capital nominal de 38.750.000 fr., mais comme l'excédent des revenus domaniaux disponibles après le service d'intérêt des obligations, et le produit intégral de la vente des biens doivent servir à l'amortissement desdites obligations par voie de tirage au pair, il est certain que tout le capital sera complètement remboursé en 1912.

En effet, dans son rapport de 1906, lord Cromer dit à ce propos :

« Les résultats de cette administration (*domaniale*) laissent prévoir un excédent de 100.000 liv. st. A la suite de ventes successives, la surface des terres disponibles se trouve réduite à 149,554 feddans (contre 425.729 en 1878), évalués à 3.242.000 livres sterling. Il est probable que, lorsque l'emprunt domanial aura été entièrement liquidé, il restera en la possession du gouvernement pour environ 2 millions de livres sterling de terrains. »

La liquidation de l'emprunt de 1878 laissera donc un solde disponible important au Trésor égyptien, mais il faut observer que, pendant plus de quinze années, l'administration des domaines affectés en garantie a donné des revenus insuffisants pour le service des intérêts, et ce n'est que depuis la conversion de 1893 que cette administration se suffit à elle-même sans recourir à la garantie subsidiaire de l'Etat.

Il en a été de même pour l'administration de la *Daïra-Sanieh* dont l'histoire mérite d'être rappelée, car c'est l'emprunt contracté par Ismaïl en 1870, pour le développement de l'industrie sucrière de la *Daïra-Sanieh*, qui a donné à la commission d'enquête de 1878, l'idée de rendre le vice-roi personnellement responsable du déficit constaté au détriment du Trésor égyptien.

Ismaïl s'était constitué, pour lui et sa famille, un immense domaine territorial comprenant près du cinquième de la surface cultivable de l'Egypte.

En 1870, il eut la fantaisie d'organiser sur une partie de ses vastes propriétés une gigantesque production sucrière, réunissant 487.467 feddans de terres dont 315,548, situés dans la Haute et Moyenne Egypte, étaient plus ou moins propres à la culture de la canne à sucre. Neuf grandes usines, placées deux au sud et sept au nord d'Assiout, complétaient l'exploitation agricole proprement dite.

Pour édifier les fabriques, établir les champs de culture et les voies de transport, et pour importer d'Europe tout le matériel nécessaire à cette énorme entreprise, il fallait beaucoup de capitaux et comme son crédit commençait alors à baisser, Ismaïl eut l'ingénieuse idée d'emprunter sur la garantie spéciale des domaines groupés sous le nom de *Daïra-Sanieh*, 175 millions de francs.

L'emprunt fut émis à Paris, en avril 1870, par l'intermédiaire de la *Banque Franco-Egyptienne*, au taux de 78,50 0/0 pour 100 francs de capital nominal rapportant 5 0/0 net, plus 2,35 0/0 d'amortissement.

Mais, comme le gouvernement égyptien avait pris l'engagement, en 1868, lors de l'emprunt de 800 millions de francs émis par la *Banque Ottomane* et la *Société Générale*, de ne pas contracter de nouvel emprunt avant le 1er juillet 1873, les deux sociétés protestèrent, et le gouvernement ottoman déclara l'émission de la *Daïra-Sanieh* illégale.

Ismaïl répondit qu'il s'agissait d'un emprunt personnel, et on passa outre ; mais la commission d'enquête de 1878 constata que les revenus de la *Daïra-Sanieh* n'avaient jamais pu faire face au service de sa dette spéciale et que le Trésor de l'Etat avait toujours été mis à contribution pour solder ses déficits. Cela devait arriver, car la séparation qu'Ismaïl prétendait établir entre son budget particulier et celui de l'Etat ne pouvait être que fictive et en tous les cas momentanée « dans un pays où le souverain était tout et disposait de tout ».

La dette de la *Daïra-Sanieh*, admise comme dette de l'Etat, et comprise en cette qualité dans la loi de liquidation de 1880 que nous examinerons plus loin, fut convertie en 1890 et remplacée par un nouvel emprunt 4 0/0 de 9.512.900 liv. st. ou 237.822.500 francs, que le gouvernement égyptien s'engagea à ne pas convertir ou rembourser avant le 15 octobre 1905, sauf l'amortissement régulier prévu par le contrat.

Au 15 avril 1904, il restait encore 115.181.000 francs de capital en circulation, mais le solde a été intégralement remboursé au 15 octobre 1905, et la valeur a disparu de la cote.

Comment ce brusque remboursement a-t-il pu s'opérer? A l'aide d'une combinaison des plus simples et des plus lucratives pour les financiers qui l'ont imaginée.

En 1898, un groupe de banquiers, ayant a leur tête Sir E. Cassel et M. Raphaël Suarez, offrit au gouvernement égyptien de se charger de la liquidation des domaines de la *Daïra-Sanieh*, qui ne donnaient que des revenus très médiocres, en prenant l'engagement de rembourser intégralement sa dette spéciale au 15 octobre 1905 et de partager avec le gouvernement égyptien les bénéfices que l'opération laisserait disponibles.

Une Société particulière fut constituée, et le gouvernement lui vendit, le 21 juin 1898, l'actif et le passif de la *Daïra-Sanieh*.

La nouvelle administration, prévoyant les avantages considérables que le relèvement des eaux du Nil, obtenu par les deux grands barrages d'Assouan et d'Assiout, alors en construction, allait donner aux terres de la *Daïra*, y transforma les anciennes conditions de l'irrigation et fut la première à bénéficier de la hausse formidable du prix des fermages et des terrains, dont nous parlions dans le chapitre précédent, et qui se produisit à partir de 1901, quand il fut manifeste que les deux barrages permettraient de convertir les terres de la Moyenne-Egypte, jusqu'alors irriguées par bassins au moment des crues, en terres d'irrigation permanente.

En 1901, l'ensemble des revenus des propriétés de la *Daïra*, dont la surface s'élevait encore à 229.036 feddans — le surplus ayant été vendu antérieurement — atteignit à peine 627.386 liv. égypt., soit, en moyenne, 2,71 liv. égypt. par feddan. En 1904, les ventes avaient réduit le domaine de la *Daïra* à 167.932 feddans; les revenus ont cependant progressé à 1.094.815 liv. égypt., représentant une moyenne de 6,52 liv. égypt. par feddan.

Ce simple rapprochement donne une idée des bénéfices énormes que la liquidation de cette affaire donnera. D'ailleurs, le dernier rapport de lord Cromer est très explicite à cet égard :

« La dette de la *Daïra*, dit-il, est maintenant entièrement remboursée. Le montant de la partie de l'emprunt qui restait en circulation le 15 octobre s'élevait à 4.444.340 liv. st. Cette somme est aujourd'hui complètement payée. Depuis 1898, la totalité des biens de la *Daïra-Sanieh* (vendus, pour la plupart, à des propriétaires indigènes), a produit environ 12.100.000 liv. st. L'on peut évaluer à 6.800.000 liv. st. le bénéfice à partager entre le gouvernement et la société, après certaines déductions équitables à faire au profit de cette dernière. »

Et lord Cromer ajoute :

« Certains membres de la famille khédiviale prétendent avoir des droits sur cet argent. Je m'abstiendrai cependant de faire aucune remarque à ce sujet, l'affaire étant devant les tribunaux. »

Le fait est qu'il doit paraître bien dur aux fils et aux petits-fils d'Ismaïl, dont les biens ont été donnés en 1870 — comme ceux du vice-roi — en garantie des dettes personnelles de leur père et grand-père, de constater que ces biens ont acquis aujourd'hui une énorme plus-value sans que le gouvernement égyptien songe à leur en tenir compte.

C'est d'autant plus pénible que la liquidation de l'emprunt domanial de 1878 laissera, de son côté, un *bonus* probable de 50 millions de francs, et que les 176.602 actions du canal de Suez, cédées en 1875 pour 100 millions de francs au gouvernement anglais, valent aujourd'hui environ 800 millions. Mais les prétentions des héritiers d'Ismaïl n'ont pas été admises par les tribunaux égyptiens, et l'incident est clos.

**

Si après la constitution du ministère Nubar-Pacha (28 août 1878) et l'entrée dans ce ministère des deux commissaires généraux anglais et français, Ismaïl — comprenant enfin que les intérêts de l'Egypte, matériels et politiques, et son véritable intérêt particulier, avaient tout à gagner à une solide restauration des finances égyptiennes — s'était loyalement prêté aux réformes administratives qui s'imposaient alors : il est probable que les événements qui ont abouti à sa déposition, à l'insurrection d'Arabi et finalement, à l'occupation anglaise, ne se seraient point produits. Mais ce prince, cependant si intelligent par certains côtés de son esprit, ne comprit pas la gravité de la situation internationale qu'il avait lui-même créée, et ne pouvant supporter le régime de tutelle financière qui paralysait ses fantaisies depuis le décret du 18 novembre 1876... il intrigua contre le ministère Nubar-Pacha comme il avait intrigué contre la gestion des contrôleurs généraux.

Nous avons raconté, dans le premier chapitre, comment il fut déposé par la Porte et remplacé par son fils Tewfik Pacha (25 juin 1879). Le contrôle anglo-français se trouva immédiatement rétabli (4 et 15 septembre) et le premier acte des deux contrôleurs généraux fut de présenter au nouveau khédive un rapport approuvé par son conseil des ministres, qui concluait à l'élaboration d'un règlement général du budget et de la dette de l'Egypte.

Après d'assez longs pourparlers entre les gouvernements représentés dans la Caisse de la dette — qui avait été maintenue avec toutes ses attributions — Tewfik signa un décret instituant une grande commission de liquidation judiciaire (31 mars 1880), dont les travaux préparèrent la loi de liquidation du 17 juillet 1880. Cette loi, appelée avec raison « la charte budgétaire de l'Egypte », constitue un acte international déterminant la situation des différentes dettes, notamment de la dette privilégiée, de la dette unifiée et de la *Daira-Sanieh*, déjà réglées par une première unification négociée en 1877 sous les auspices de MM. Goschen et Joubert. Elle traite également du fonctionnement de la Caisse de la dette et des attributions des commissaires y-attachés.

Voici comment l' « Annuaire des Agents de change de Paris », résume les dispositions de cette loi encore en vigueur aujourd'hui :

Au commencement de 1880, la dette du Gouvernement égyptien, non compris sa dette flottante, se composait des emprunts suivants :

1° Emprunt 7 0/0 de 1864 — 142.605.000 fr., remboursable en 1879 ;

2° Emprunt 7 0/0 de 1865 — 84.682.500 fr., remboursable en 1881 ;

3° Emprunt 9 0/0 de 1867 — 52 millions de francs, remboursable en 1881 ;

4° Dette unifiée, dite 6 0/0, créée pour un capital de 1.475 millions de francs ;

5° Dette privilégiée 5 0/0 des Chemins de fer et du port d'Alexandrie, créée pour un capital de 425 millions de francs ;

6° Dette consolidée 5 0/0 de la Daïra-Sanieh, au capital de 220.360.000 fr. ;

7° Dette spéciale 5 0/0 de la Daïra-Khassa, au capital de 17.436.500 fr. ;

8° Obligations 5 0/0, dites Domaniales hypothécaires d'Egypte, créées pour un capital de 214.625.000 fr. ;

Soit une dette d'ensemble de 2.600 millions de francs de capital nominal.

Conformément à la loi de liquidation de 1880, ces emprunts ont subi les modifications ci-après, savoir :

a) — Les trois premiers *emprunts 1864, 1865 et 1867* ont été convertis, au taux de 80 0/0 de leur valeur nominale, en obligations de la Dette unifiée au taux de 60 0/0.

b) *La Dette Unifiée* était originairement productive d'un intérêt de 7 0/0 sous déduction d'un prélèvement de 1 0/0 pendant les dix premières années. La loi de liquidation a réduit cet intérêt à 4 0/0. En vue de la conversion des emprunts 1864, 1865 et 1867, il a été créé des nouveaux titres de la Dette unifiée pour un montant de 1.958.240 liv. st.

c) — *La Dette Privilégiée* a été augmentée de 5 millions 743.800 liv. st. de titres nouveaux destinés au règlement de diverses créances. L'intérêt annuel de la Dette privilégiée a été maintenu à son taux originaire de 5 0/0.

d) — Le capital de la *Daïra-Sanieh* 5 0/0 a été augmenté de 697.460 liv. st. pour convertir les obligations de la *Daïra-Khassa*.

Les titres de la nouvelle dette de la Daïra-Sanieh étaient productifs d'un intérêt de 5 0/0 du capital nominal, dont 4 0/0 d'intérêt fixe garanti par le Gouvernement et 1 0/0 d'intérêt complémentaire.

e) — Aucune modification n'a été apportée par la loi de liquidation aux conditions originaires de l'emprunt 5 0/0 des obligations *Domaniales hypothécaires d'Egypte.*

Voici, maintenant, par ordre de date, les opérations qui ont modifié les conditions de la loi de liquidation de 1880 :

27 juillet 1885 : Emprunt de 9.424.000 liv. st. 3 0/0, émis à 95 1/2 0/0 sous la garantie des grandes puissances représentées à la Caisse de la dette et dont le produit fut spécialement consacré au paiement des indemnités et aux dépenses de réfection des canaux du Nil occasionnées par les événements de 1882. Cet emprunt est garanti sur les revenus assignés au service des dettes *Privilégiée* et *Unifiée.*

7 juin 1890 : Conversion de la *Dette privilégiée* 5 0/0 en 3.1/2 0/0.

6 juillet 1890 : Conversion des obligations de la *Daïra Sanieh* 5 0/0 en obligations 4 0/0 laissées à 85 0/0; ainsi que nous l'avons vu, ces obligations ont été complément remboursées le 15 octobre 1905.

25 mars 1893 : Conversion des *Obligations domaniales* 5 0/0, en obligations 4 1/4 0/0.

Chacune de ces opérations a successivement fixé de nouvelles bases pour l'amortissement des emprunts convertis.

.

Au moment de l'émission de l'emprunt 1885, garanti par les puissances, on arrêta les règles de comptabilité que l'Etat égyptien a régulièrement suivies jusqu'au 1er janvier 1905, date de l'entrée en vigueur du nouveau régime financier que l'accord franco-anglais du 8 avril 1904 a permis d'établir en Egypte. En application des règles de 1885, une somme de 5.237.000 liv. égypt. fut mise chaque année à la disposition du gouvernement égyptien pour toutes ses dépenses, hors celles d'exploitation des chemins de fer, fixées à 45 0/0 des recettes brutes. Le surplus des recettes et revenus public appartenait au service de la dette.

Tout l'excédent laissé disponible par le service de la dette était divisé en deux parties égales entre le gouvernement et la Caisse de la dette; le gouvernement pouvait utiliser sa part de l'excédent pour ses nouvelle dépenses, la part de la Caisse de la dette devait servir à créer un fonds d'amortissement supplémentaire.

A la pratique, on se rendit compte des inconvénients que ce système présentait : pour y remédier, la somme fixe allouée au gouvernement fut progressivement élevée au chiffre de 6.300.000 livres égyptiennes ; on porta à 55 0/0 le coefficient d'exploitation des chemins de fer et on décida, enfin, qu'en divisant l'excédent entre la Caisse de la dette et le gouvernement, celui-ci recevrait 45.000 livres égyptiennes de plus que la moitié.

Ce n'était pas encore suffisant, mais un décret du 12 juillet 1888 vint améliorer la situation précaire dans laquelle le gouvernement égyptien se trouvait relativement aux dépenses de travaux publics, dont le pays avait cependant si grand besoin, en décidant qu'au lieu de consacrer tout l'excédent revenant à la Caisse en amortissement supplémentaire de la dette, on constituerait d'abord un *Fonds de réserve* de 2 millions de livres égyptiennes et que ce fonds de réserve pourrait servir à payer « des dépenses extraordinaires du gouvernement, conformément à l'avis préalable des commissaires de la dette ».

Grâce à cette modification, le gouvernement égyptien put faire accepter, par l'administration de la Caisse de la dette, une série de dépenses extraordinaires très utiles, qui ont largement contribué au développement de la prospérité du pays.

**

Lord Cromer a constaté, dans son rapport de 1905, que, pendant les seize dernières années, le fonds de réserve institué par le décret de 1888, et subdivisé en *Fonds de réserve général*, et *Fonds de réserve spécial*, a fourni au gouvernement égyptien 16.500.000 liv. égypt., soit environ 430 millions de francs, qui ont été consacrés en travaux publics de toute nature et plus particulièrement en travaux d'irrigation et de drainage.

Mais l'obtention des crédits extraordinaires que le gouvernement jugeait nécessaires dépendait de la plus ou moins bonne volonté des puissances et, dans certains cas — comme, par exemple, dans l'affaire des 500.000 liv. égypt. demandées pour l'expédition de Dongola (mars 1896) — il ne put les obtenir qu'avec la plus grande difficulté.

Indépendamment du fonds de réserve créé par le décret de 1888, un décret du 6 juin 1890 avait institué, d'accord avec les puissances, un *Fonds des économies de Conversion* dans lequel, pendant quinze années consécutives, toutes les économies procurées par les conversions de la *Dette privilégiée*, de la *Daïra-Sanieh* et des *Obligations Domaniales* sont venues s'accumuler à intérêts composés. La Caisse de la dette avait l'administration de ce Trésor particulier, mais elle ne pouvait disposer d'aucune somme sans le consentement des puissances et toutes les économies étaient employées en achats à la Bourse de Paris ou de Londres de fonds d'Etat égyptiens dont le capital et les revenus allaient ainsi toujours en augmentant.

Il est même curieux de constater ici que l'affaire de la vente des terrains de la *Daïra-Sanieh* au groupe Cassel-Suarez, dont nous parlions plus haut, eut son origine dans le refus, opposé en 1898 par les puissances, d'accorder au gouvernement égyptien un crédit de 500.000 liv. st. nécessaires pour l'expédition du Soudan. En effet, le contrat conclu entre le gouvernement égyptien et le groupe preneur stipulait comme une des conditions de la vente que la *Daïra-Sanieh Company* avancerait immédiatement 500.000 liv. st. au Trésor égyptien à 3,50 0/0 d'intérêt.

L'accord franco-anglais du 8 avril 1904 a mis fin à cet état de chose et un décret du 28 novembre suivant, approuvé par toutes les puissances représentées à la Caisse de la dette, a complètement modifié les dispositions des décrets des 12 juillet 1888 et 6 juin 1890 en rendant au gouvernement égyptien la libre disposition — avec quelques légères réserves — des capitaux détenus par la Caisse sous le nom de fonds de réserve, général et spécial, et de fonds des économies de conversion.

Aux termes du décret du 28 novembre 1904, qui est en vigueur depuis le 1er janvier 1905, la Caisse de la dette publique reste chargée, comme par le passé, du service des intérêts et de l'amortissement : 1° de la *Dette unifiée*, qui ne pourra être remboursée qu'à partir du 15 juillet 1912 ; 2° de la *Dette privilégiée*, dont la garantie de non remboursement est reportée du 15 juillet 1905 au 15 juillet 1910 ; 3° de l'*Emprunt garanti*, remboursable à partir du 15 juillet 1910 ; 4° de la dette *Daïra-*

Sanieh, complètement remboursée depuis le 15 octobre 1905 ; 5° des *Obligations domaniales*, qu'on ne pourra rembourser au pair qu'à partir du 1er janvier 1915.

Par conséquent, et en supposant que l'Egypte puisse rembourser tous ses emprunts aux échéances *minima* ci-dessus indiquées, l'administration de la Caisse continuera à fonctionner au moins jusqu'au 31 décembre 1914.

Le décret du 28 novembre 1904 a spécialement affecté au service de la dette la presque totalité de l'impôt foncier égyptien ; mais il a stipulé qu'à partir du moment où la Caisse aurait encaissé la somme nécessaire pour son service annuel, le surplus de l'impôt foncier serait versé au ministre des finances égyptien.

Lord Cromer constate que le nouveau système a donné d'excellents résultats : Du 1er janvier au 5 décembre 1905, la Caisse a reçu 3.548.053 livres égyptiennes, plus 88.798 liv. égypt., représentant l'intérêt des fonds de sa nouvelle réserve. Sur ce total de 3.636.851 liv. égypt., 3.588.111 liv. égypt. ont été employées au service de la dette et le solde, 48.740 liv. égypt., a été restitué au ministère des finances, qui a directement encaissé le reste de l'impôt foncier du 6 décembre à la fin de l'année.

Comme nous l'avons dit plus haut, les fonds de réserve et d'économies de conversion ont été mis à la disposition du gouvernement égyptien à partir du 1ᵉʳ janvier 1905, et voici le solde que ces fonds représentaient à la date du 31 décembre 1904 :

	Liv. égypt.
Fonds de réserve général...............	3.185.094
— — spécial...............	2.617.702
— d'économie de conversion	6.031.245
Ensemble	11.834.041

A ce chiffre, il faut en outre ajouter 1.542.005 livres égyptiennes de produits divers, ce qui constitue un total de 13.376.146 liv. égypt., soit environ 348 millions de francs.

Mais sur ce solde il a été versé à la Caisse de la dette, conformément aux stipulations du nouveau décret : *a*. 1.800.000 liv. égypt. pour un fonds de réserve spécial ; *b*. 500.000 liv. égypt. comme fonds de roulement, et *c*. 750.000 liv. égypt. ajoutées volontairement par le gouvernement égyptien au fonds de roulement pour faciliter le service régulier de la dette.

En déduisant ces 3.050.000 liv. égypt. — représentant la nouvelle réserve de la dette — du solde précédent, il a donc été mis à la disposition du gouvernement égyptien une somme de 10 millions 326.146 liv. égypt. ou 268 millions de francs. C'est avec ce budget extraordinaire et avec les excédents des recettes ordinaires sur les dépenses de même nature, que le décret du 28 novembre 1904 lui abandonne désormais, que le gouvernement égyptien pourra réaliser, sans emprunt immédiat, et sans nouveaux impôts, le vaste programme de travaux publics — barrages, réservoirs, canaux d'irrigation, chemins de fer, routes, hôpitaux, édifices civils et militaires, etc... — dont nous parlerons plus loin et dont la réalisation transformera le Soudan et portera la vieille Egypte à un degré de prospérité qu'elle n'aura jamais connu, même aux époques les plus brillantes de son histoire.

Avant la promulgation de la loi de liquidation du 17 juillet 1880, la dette totale de l'Egypte, arrêtée par la grande commission d'enquête, atteignait environ 2.600 millions de francs. Le règlement consacré par la loi de 1880 réduisit légèrement ce total et au 1ᵉʳ janvier 1883, année qui suivit immédiatement l'occupation anglaise, elle n'était plus que de 96.457.000 liv. st., soit environ 2.411 millions de francs.

Du 1ᵉʳ janvier 1883 au 31 décembre 1905 il a été émis 18.158.000 liv. st. de nouveaux titres : 9.424.000 pour l'*Emprunt garanti* 3 0/0 de 1885 et 8.734.000 de *Dette privilégiée* : soit au total 454 millions de francs. Mais les amortissements et remboursements opérés pendant la même période se sont élevés à 18.131.000 liv. st., de sorte qu'au 1ᵉʳ janvier 1906 la dette publique égyptienne représente un capital nominal de 96.484.000 liv. st., supérieur de 27.000 liv. st. seulement au capital nominal du 1ᵉʳ janvier 1883.

Ce résultat est d'autant plus satisfaisant qu'entre le 1ᵉʳ janvier 1883 et le 31 décembre 1905, le gouvernement égyptien a consacré — soit à l'aide de ses recettes ordinaires, soit par les crédits accordés par la commission de la dette sur les deux Fonds de réserve, soit par les sommes que l'emprunt garanti de 1885, la conversion de la *Dette privilégiée* en 1890 et les deux emprunts de fonds privilégiés émis en 1902 et 1904 pour les chemins de fer de l'Egypte, ont mises à sa disposition, — plus de 500 millions de francs à des travaux publics de toute nature et absolument nécessaires au pays.

Mais il ne faut pas oublier que grâce aux conversions réalisées entre 1883 et 1905 le service d'intérêt de la dette publique égyptienne a été ramené de 4.268.000 liv. st. en 1883, à 3.709.000 liv. st. en 1905, soit une réduction annuelle de 559.000 livres sterling ; et que sur le capital de la dette — exclusivement entre les mains du public en 1883 — le gouvernement égyptien et la Caisse de la dette en détenaient au 1ᵉʳ janvier 1906 pour 8.769.000 livres sterling, donnant 331.000 liv. st. d'intérêt annuel.

Il s'ensuit que, malgré les 500 millions de francs dépensés en travaux utiles pendant cette période de 23 années, les contribuables égyptiens paient pour les intérêts de leur dette publique 890.000 livres sterling (22.250.000 fr.) de moins qu'en 1883.

Voici quelle était, à la date du 1er janvier 1906, la situation de la dette publique égyptienne :

Dette publique égyptienne au 1er janvier 1906

	Milliers de liv. st.	Millions de francs
PASSIF : *Emprunts*		
Emprunt garanti 3 %............	7.849.0	196.2
Dette privilégiée 3 ½ %	31.127.8	778.2
Dette unifiée 4 %......	55.972 0	1.399.3
Obligations Domaniales 4 ¼ %...	1.534.6	38.4
Total.............	96 483 4	2.412.1
ACTIF : *Fonds de réserve*		
Emprunt garanti 3 %............	376.0	9.4
Dette privilégiée 3 ½ %	3.160.1	79.0
Dette unifiée 4 %...............	5.232.0	130.8
Obligations Domaniales 4 ¼ %...	0.7	0.2
Total.............	8.768.8	219.4
Reste en circulation.............	87.714.6	2.192.7

Ce tableau ne tient compte ni du bénéfice que la liquidation de la *Daïra-Sanieh* donnera au Trésor égyptien, ni de la valeur des terrains qui resteront à l'Etat après le remboursement complet des *Obligations domaniales,* ni de la plus-value que son réseau de chemins de fer a prise depuis cinq ou six années.

De tout ce qui précède il résulte donc que, grâce à la loi de liquidation de 1880, grâce à l'administration de la Caisse de la dette, qui a si scrupuleusement appliqué pendant vingt-cinq ans les sages dispositions de cette loi, et grâce surtout — il faut loyalement le reconnaître — à l'habile direction de lord Cromer, la situation financière de l'Egypte est aujourd'hui excellente.

Depuis 1876, date à laquelle il fut nommé commissaire de la dette par le gouvernement anglais, Sir Evelyn Baring, devenu plus tard le comte de Cromer, n'a, pour ainsi dire, plus quitté l'Egypte. Il a eu des heures très difficiles, mais son intelligence, son robuste bon sens, sa proverbiale honnêteté, sa parfaite connaissance des milieux égyptiens.... et l'appui énergique que le gouvernement britannique lui a toujours donné, quel que fût le parti au pouvoir, lui ont permis de liquider la situation financière inextricable dans laquelle se trouvait l'Egypte à l'avènement de Tewfik-Pacha, et de réparer les fautes d'Ismaïl.

Lord Cromer a accompli dans ce pays une œuvre admirable dont l'Angleterre a le droit d'être fière, et, en approuvant le décret du 18 novembre 1904, — qui rend au gouvernement égyptien un peu plus de liberté financière — les puissances représentées dans l'administration de la Caisse de la dette ont fait un acte de justice et de bonne gestion, car il est à prévoir que lord Cromer ne se servira de cette liberté que pour le bien de l'Egypte et le développement de sa prospérité.

IV

Les Finances Égyptiennes :
Budget des recettes et des dépenses

En lisant la collection des rapports annuels de lord Cromer, on a le sentiment très net que la prospérité actuelle de l'Egypte a pour principales causes l'esprit de suite et l'excellente méthode qui caractérisent, depuis près de vingt-cinq années, l'administration économique et financière de ce pays.

Il fallait avant tout relever les recettes publiques, qui n'étaient que de 9.230.000 liv. égypt. en 1881, c'est-à-dire à la mise en vigueur de la grande loi de liquidation (17 juillet 1880) et qui tombèrent même à 8.935.000 liv. égypt. en 1883, après l'insurrection d'Arabi.

Avec ces médiocres ressources, suffisant à peine aux besoins administratifs et au service de la dette, il ne fallait songer ni à exécuter les grands travaux publics, dont l'Egypte avait cependant un besoin urgent, ni à alléger, d'une manière quelconque, les charges très lourdes pour l'époque, qui pesaient sur la population égyptienne et paralysaient toute initiative individuelle.

On procéda d'abord à une sérieuse réforme administrative, que les contrôleurs généraux n'avaient pu réaliser en 1877-1878, et grâce à une meilleure perception de l'impôt, les recettes se relevèrent et donnèrent au gouvernement les moyens de faire quelques améliorations indispensables.

Avec l'emprunt garanti de 1885, que le gouvernement anglais obtint des puissances représentées à la Commission de la dette (235 millions de francs à 3 0/0 d'intérêt), on put régler, sans grande augmentation du service de la dette, les indemnités occasionnées par les événements de 1882 et exécuter les travaux de réfection des digues et des canaux d'irrigation, qui avaient été absolument négligés pendant la période troublée de 1880 à 1883.

Ces premiers travaux donnèrent d'excellents résultats et permirent au gouvernement d'apprécier les avantages que l'agriculture égyptienne retirerait de la suppression de la *corvée* telle qu'elle était pratiquée depuis les temps les plus reculés, et son remplacement par le travail payé.

Cette agriculture n'existant que par les irrigations du Nil, il fallait, chaque année, pour amener les eaux limoneuses et fécondantes du fleuve sur les terres cultivables, dégager les canaux distributeurs obstrués après chaque crue, construire et réparer les digues, etc... Tous ces travaux, répartis dans chaque province d'après le nombre de ses corvéables, étaient exécutés par la prestation en nature, ou *corvée.*

« Le nombre des prestataires était proportionnel, non à l'étendue des terres que possédait une famille, mais au nombre des personnes valides dont elle se composait ; les étrangers, quantité de pachas, les communautés religieuses, etc..., ne fournissaient aucun homme aux travaux de corvées, qui retombaient à la seule charge de la classe la plus pauvre des cultivateurs. Aussi, ces malheureux, transportés *sans paie ni nourriture*, à de grandes distances de leurs villages, dont ils étaient absents de 90 à 100 jours, commettaient-ils mille déprédations partout où ils campaient (1) ».

On s'imagine aisément les abus révoltants auxquels ce système de prestation en nature donnait lieu dans un pays où tout dépendait de la volonté du souverain. En arrivant au pouvoir, Ismaïl-Pacha voulut supprimer la corvée, mais la mesure ne fut pas maintenue, et ce n'est qu'en 1879, après sa déposition, que le nouveau khédive décréta l'égalité des charges corvéables, et, à partir de ce moment, l'ouvrier paya de sa personne et le propriétaire, quel qu'il fût, dut fournir un nombre d'ouvriers proportionnel à la surface de ses terres cultivables.

C'était déjà un grand progrès, mais le système avait encore de graves inconvénients, et, pour y remédier, le gouvernement, profitant du relève-

---

(1) A. Chélu, ouvrage déjà cité.

ment des recettes publiques survenu après 1885, décida, en 1887, la suppression partielle de la corvée en inscrivant 250.000 liv. égypt. (6.500.000 fr.) au budget extraordinaire des travaux publics. Sa suppression totale eut lieu en 1890, et, moyennant 400.000 liv. égypt. de dépenses annuelles (10 millions 370.000 fr.), tous les travaux de creusement, de curage des canaux, de construction et de réfection des digues, qui étaient jadis à la charge exclusive des malheureux fellahs, sont aujourd'hui effectués par l'industrie privée, sous la direction des ingénieurs et agents spéciaux attachés au ministère des travaux publics.

Inutile d'ajouter que ces travaux sont maintenant beaucoup mieux exécutés et qu'ils donnent d'excellents résultats pour la production agricole indigène.

***

De 1883 à 1895, les recettes publiques s'élevèrent progressivement à 10.431.000 liv. égypt., soit 1.496.000 liv. égypt. (près de 39 millions de francs de plus qu'en 1883). Ces augmentations, dont une partie profitait au gouvernement égyptien, venant s'ajouter aux crédits extraordinaires que la Commission de la dette accordait chaque année pour de nouveaux travaux publics, permirent au gouvernement d'entreprendre de nouvelles améliorations pour les canaux d'irrigation et les moyens de transport, et d'entrevoir la possibilité de construire les deux grands barrages d'Assouan et d'Assiout, qui ont été finalement achevés en 1902.

C'est alors que la situation économique et financière de l'Egypte changea complètement d'aspect : De 11.447.000 liv. égypt., recettes réalisées en 1900, le produit des impôts et revenus publics s'éleva à 12.464.000 liv. égypt. en 1903 pour atteindre 14.813.000 liv. égypt. en 1905. Soit une augmentation de 4.382.000 liv. égypt. ou 113 millions 900.000 fr. sur 1895.

Recettes et Dépenses publiques de l'Egypte de 1881 à 1905
(Livres égyptiennes) (1)

Années	Recettes	Dépenses	Excédent des recettes
1881......	9.230.000	8.321.000	909.000
1883......	8.935.000	8.554.000	381.000
1885......	9.637.000	9.268.000	369.000
1890......	10.237.000	9.582.000	655.000
1895.....	10.431.000	9.429.000	1.002.000
1899......	11.200.000	9.929.000	1.271.000
1900......	11.447.000	9.895.000	1.552.000
1901......	12.160.000	11.396.000	764.000
1902.....	12.149.000	11.433.000	716.000
1903......	12.464.000	11.720.000	744.000
1904......	13.906.000	12.700.000	1.206.000
1905......	14.813.000	12.125.000	2.688.000

Et il y a lieu de remarquer que malgré les 500 millions de francs consacrés en travaux publics

---

(1) La *Livre égyptienne* vaut exactement 25 fr. 9256 et 100 piastres égyptiennes de 0 fr. 2592. La *Piastre égyptienne* vaut elle-même 40 paras de 0 fr. 00648 chacun.

de toute nature entre 1883 et 1905, la dette publique égyptienne n'a pas augmenté, que les intérêts annuels payés aux porteurs de cette dette ont en réalité diminué de 890.000 liv. égypt. ou 22.250.000 francs, grâce aux conversions et à la constitution des fonds de réserve et d'économies des conversions, et que pendant cette même période les contribuables égyptiens ont été allégés d'un grand nombre d'impôts : — Suppression du droit de navigation sur le Nil, du droit sur les barques de pêche, du droit sur les bacs, du monopole du sel, réduction des droits sur les contributions directes, des droits de phare sur la mer Rouge, de 8 à 4 0/0 des droits de douanes sur la houille, les bois de chauffage et de construction, le pétrole, le bétail, les viandes conservées, etc... — dont l'ensemble représente une diminution de charges annuelles de plus de 50 millions de francs, sans compter les réductions importantes dont les tarifs des postes, des télégraphes et des chemins de fer de l'Etat ont bénéficié pendant la même période.

Constatons enfin que l'exploitation de la *Daïra-Sanieh* et des *Domaines de l'Etat égyptien*, qui présentait en 1885 un déficit respectif de 210.000 et 275.(00 livres égyptiennes, voyait leur déficit se réduire à 101.000 et 39.000 liv. égypt. en 1895 et se transformer en un excédent de recettes de 775.000 livres égyptiennes et 100.000 liv. égypt. en 1905.

L'ensemble des excédents des trois années 1903, 1904 et 1905, a été de 1.156.000 liv. égyp. pour la

Daïra-Sanieh et de 310.000 liv. égypt. pour les *Domaines de l'Etat.*

Les deux tableaux suivants vont nous montrer, pour les exercices liquidés de 1900 et 1904, les variations survenues dans les recettes et les dépenses du budget de l'Egypte :

Résultats des budgets égyptiens en 1900 et 1904

(Livres égyptiennes)

RECETTES

Chapitres	1900	1904	Différences
Impôts directs (foncier, etc.)	4.620.938	4.952.56(	+ 331.622
Impôts indirects :			
Douanes	1,258.094	1.740.041	+ 481.947
Tabacs	1.159.881	1.476.2:8	+ 316.357
Taxes diverses	597.506	353.314	— 244.162
Exploitations d'Etat :			
Chemins de fer	2.158.878	2.603.216	+ 444.838
Télégraphes	65.379	83.674	+ 18.295
Postes	135.279	191.038	+ 55.759
Recettes administratives :			
Ports et phares		337.887	
Justice	1.451.140	1.043.444	+ 839.309
Diverses administrations		448.834	
Divers		460.784	
		2.290.449	
Total des recettes ordin	11.417.095	13.690.56(	+ 2.243.465
Contribution du fonds général de réserve	215.592	215.592	»
Total général	11.662.687	13.906.152	+ 2.243.465

DÉPENSES

Chapitres	1900	1904	Différences	
Liste civile...............	258.362	257.319	—	1.043
Dépenses d'administrat..	2.377.652	2.510.245	+	132.593
Exploitations d'Etat :				
Chemins de fer..........	1.067.907	1.445.136	+	377.229
Télégraphes.............	49.802	59.077	+	9.275
Postes	108.309	127.049	+	18.740
Ports et phares	68.819	85.720	+	26.741
Autres services		9.810		
Armée :				
Armée égyptienne	439.733	439.085	—	656
Armée d'occupation	84.825	84.825	»	
Pensions..........	432.719	421.095	—	11.624
Tribut et Dette :				
Tribut................. .	665.040	655.040	—	10.000
Caisse de la Dette.......	36.510	38.393	+	1.883
Dette consolidée (1).....	3.431.370	3.480.703	+	49.333
Dette non consolidée ...	206.992	182.264	–	24.728
Suppression de la corvée	249.999	256.290	+	6.291
Déficit du Soudan	417.179	379.763	—	37.416
Réserve pour l'imprévu.	»	3.236	+	3.236
Annuité Travaux du réservoir..............	»	153.395	+	153.395
Total des dépenses ordin..	9.895.224	10.588.473	+	693.249
Economies de conversion.	265.037	265.037	»	
Frais d'amortissement Emprunt garanti	61.718	71.564	+-	9.846
Part du surplus payé au fonds général de réserve	881.965	1.775.258	+	893 293
Total général........	11.103.944	12.700.832	+	1.596.888

Pour l'exercice 1905, on avait évalué les recettes à 12.255.000 liv. égypt. et les dépenses à 11 millions 755.000 liv. égypt., laissant un excédent de prévision de 500.000 liv. égypt. Les résultats définitifs de l'exercice ont donné 14.813.000 liv. égypt.

(1) Non compris les emprunts de la *Daïra-Sanieh* et des *Domaines de l'Etat.*

de recettes et 12.125.000 liv. égypt. de dépenses, soit un excédent réel de 2.688.000 liv. égypt

Les évaluations du budget de 1906 fixent les recettes à 13.500.000 liv. égypt. et les dépenses à 13 millions de livres égyptiennes. Ce dernier chiffre prévoit, par rapport aux évaluations de 1905, une majoration de dépenses de 1.245.000 liv. égypt. Sur cette somme, les comptes d'ordre nominaux, figurant à la fois aux recettes et aux dépenses, représentent 212.000 liv. égypt. ; les chemins de fer de l'Etat, les télégraphes, les postes, les nouveaux bâtiments administratifs et hospitaliers et les travaux publics absorbent 560.000 liv. égypt. ; la police et la défense : 152.000 liv. égypt. ; les traitements des employés de l'Etat : 120.000 livres égyptiennes ; les pensions : 44.000 liv. égypt. ; les services sanitaires : 40.000 liv. égypt., et le surplus, soit 117.000 liv. égyp., est réparti entre les autres services de l'administration centrale et provinciale.

S'il n'y a rien à dire pour la première catégorie de dépenses, qui ne constitue qu'une simplification de comptabilité, ni pour la deuxième catégorie, qui représente des dépenses productives, les 447.000 liv. égypt. d'augmentations prévues pour les autres catégories méritent les sérieuses observations que Sir Vincent Corbett, conseil du ministre des finances, a formulées dans son exposé du budget de 1906.

« Il ne faut pourtant pas supposer, a dit sir V. Corbett, que cette augmentation, malgré son importance, puisse être l'indice d'une modification ou d'une tendance à la prodigalité dans la ligne de conduite suivie jusqu'à présent par le gouvernement.

« La plus-value si considérable des propriétés foncières et l'acquisition subite de richesses imprévues par des classes importantes de la population ont fait hausser le prix des articles de première nécessité au point de rendre forcée une augmentation très sensible dans les dépenses.

« Cette augmentation se fait sentir non seulement dans l'achat des articles tels que le fourrage, les frais d'entretien des prisonniers et des malades dans les hôpitaux, etc., mais elle se répercute aussi sur les salaires des employés provisoires et des journaliers employés par l'État; il s'ensuit naturellement que tous les travaux entrepris par le gouvernement deviennent plus coûteux. Il faut également tenir compte de la somme de 120.000 liv. égypt. qui figure au budget pour l'amélioration du sort des fonctionnaires du cadre. Parmi ceux-ci. les petits employés n'arrivent plus à vivre avec leurs appointements, tandis que les employés supérieurs souffrent des privations qu'occasionne la diminution constante, d'année en année, de la valeur effective des traitements qui, auparavant, suffisaient amplement aux besoins de la vie. L'augmentation totale de l'évaluation des dépenses qui résulte directement de la cherté des vivres peut être évaluée à une somme non inférieure à 370.000 liv. égypt. »

En effet, d'après les statistiques produites par sir Vincent Corbett, entre 1901 et 1905 les prix moyens annuels au détail des principales marchandises d'alimentation ont haussé en Egypte (probablement au Caire et Alexandrie) dans les proportions suivantes :

	1901	1905	
		(Francs)	
Blé.............	de 14 10 à	18 14	l'hectolitre.
Lentilles........	de 10 30 à	19 20	—
Mouton.........	de 1 24 à	2 28	le kilogr.
Bœuf..........	de 1 20 à	1 70	—
Poulet.........	de 0 45 à	2 59	la pièce.
Œufs..........	de 0 31 à	0 67	la douzaine.

Les prix des contrats de vivres pour les diverses administrations de l'Etat : armée, hôpitaux, prisons, etc... ont haussé dans les mêmes proportions.

Enfin, l'élévation du prix du travail manuel, provoquée par un développement extraordinaire de l'activité nationale, devient un élément très sérieux de perturbation pour l'évaluation des dépenses de tous les travaux publics : chemins de fer, routes, canaux, barrages, etc. Et sir V. Corbett a ajouté le post-scriptum suivant à son exposé :

« Les chefs du service des irrigations me font savoir que les frais de terrassement ont subi, au cours des trois dernières années, une hausse d'au moins 60 0/0, et, par conséquent, il y a lieu d'augmenter de 100.000 livres égyptiennes environ les sommes prévues au budget pour la conversion, l'année prochaine, des bassins de la Haute-Egypte.

Les recettes des dernières années paraissent pleinement justifier l'augmentation des dépenses du pays ; toutefois, la situation économique n'est pas telle qu'elle puisse nous permettre de compter aveuglément sur des excédents constants, comparables à ceux du passé. Il se peut que le mouvement de prospérité ne soit pas encore enrayé, mais il serait téméraire de compter sur son développement et même de se baser sur sa continuité. »

Lord Cromer est moins pessimiste que le conseiller financier britannique, car dans le chapitre spécial qu'il consacre à l'examen de la situation économique de l'Egypte (Rapport de 1906) et sur lequel nous aurons l'occasion de revenir, il dit : « Je ne vois rien, d'ailleurs, qui trahisse la probabilité d'événements appelés à compromettre sérieusement l'essor de la prospérité du pays. Je base cette conclusion sur ce fait d'ordre général que les causes principales ayant provoqué la considérable plus-value de ces derniers temps, ne sont point d'un caractère fugitif, mais plutôt d'un genre solide et permanent. »

Quoiqu'il en soit et malgré les dégrèvements d'impôts directs dont nous parlions plus haut, le montant total de l'impôt foncier s'est élevé de 4 millions 684.000 liv. ég. en 1903, à 4.825.000 liv. ég. en 1904 et à 4.903.000 liv. ég. en 1905 et les arriérés — qui représentaient jadis des sommes invariablement très considérables — sont successivement tombés de 34.794 liv. ég. en 1903 à 21.189 liv. ég. en 1904 et à seulement 18.026 liv. ég. en 1905.

Nous examinerons, dans les chapitres suivants, d'autres faits prouvant que les conclusions de lord Cromer sont parfaitement rationnelles.

V

Administration — Population

L'Egypte fait partie de l'Empire ottoman. Les pouvoirs du khédive sont une émanation de la puissance du Sultan. Le firman de juin 1873 (qui a confirmé, en les augmentant, les attributs accordés par tous les actes antérieurs) avait reconnu au vice-roi, soumis au paiement d'un tribut annuel de 750.000 liv. t., le contrôle absolu de l'administration et des finances du pays; il l'avait autorisé à conclure des conventions commerciales avec les puissances étrangères, autant que ces conventions ne violeraient pas les traités politiques de la Porte; il lui avait accordé la faculté de contracter des emprunts, de conserver une armée aussi importante que l'exigeraient les besoins de la défense; de faire construire des navires de guerre autres que des cuirassés; il lui avait concédé le droit de battre monnaie à la condition que les pièces portassent le *toughra* impérial; il avait enfin déclaré le khédivat héréditaire dans la famille de Méhémet-Ali.

Aucune délégation de souveraineté, sauf l'abandon absolu de tout droit, ne pouvait être plus complète. Il est vrai que le firman d'août 1879, qui nomma Tewfik-Pacha après la déposition d'Ismaïl, modifia légèrement les dispositions de l'acte de 1873, mais le khédive restait maître absolu de l'administration des provinces qui lui étaient assignées et qui comprenaient, non seulement l'Egypte proprement dite, mais les vastes territoires du Soudan.

Depuis 1882, cette puissance du khédive a été transférée en quelque sorte à l'Angleterre, et si l'Egypte reste une vice-royauté vassale de l'Empire ottoman, elle est, en fait, soumise au protectorat de la Grande-Bretagne, protectorat que limitent cependant les droits antérieurs des puissances européennes, mais dont l'importance s'est successivement accrue en 1898, après la campagne de lord Kitchener ; en 1899, lors de la signature de la convention anglo-égyptienne relative au Soudan... et surtout en 1904, par l'accord franco-anglais.

Cette réserve faite — et elle est capitale — nous pouvons dire que le gouvernement indigène est une monarchie en apparence constitutionnelle, régie par un vice-roi choisi dans la famille de Méhémet-Ali, selon l'ordre de primogéniture en ligne directe.

Le 1ᵉʳ mai 1883 une loi organique fut promulguée, qui créa plusieurs institutions représentatives comprenant un conseil législatif, une assemblée générale et des conseils provinciaux.

Le conseil législatif est composé de 30 membres,

dont 14 sont nommés par le gouvernement. Il se réunit une fois par mois, examine le budget et toutes les lois administratives qui lui sont soumises, mais il ne peut prendre aucune initiative en matière législative et le gouvernement n'est nullement engagé par ses décisions. 15 de ses membres doivent résider au Caire et reçoivent une allocation de 90 livres par an pour frais de voiture ; les 15 autres sont des délégués provinciaux et reçoivent 250 livres par an pour indemnité de résidence dans la capitale.

L'assemblée générale, qui est composée des membres du conseil législatif, des 6 ministres et de 46 représentants nommés par le peuple, n'a pas de fonctions législatives, mais aucune taxe foncière et aucun impôt direct ne peuvent être levés sans son consentement. Cette assemblée doit être convoquée une fois au moins tous les deux ans et ses membres reçoivent alors une indemnité de huit jours, à raison d'une livre par jour.

Ces deux assemblées ne sont, on le voit, que des corps consultatifs : le pouvoir législatif réel reste entre les mains du khédive et de ses six ministres. Mais à côté du président du conseil, ministre de l'intérieur, nous trouvons M. P.-W. Machell, conseiller britannique ; Sir Malcolm Mac Ilwraith exerce les mêmes fonctions auprès du ministre de la justice ; sir William Garstin, auprès du ministre des travaux publics ; sir Vincent Corbett, auprès du ministre des finances. Il y a un ministre de la guerre et de la marine, mais le major général

Sir Reginald Wingate, gouverneur actuel du Soudan, est *sirdar* de l'armée égyptienne, tandis que le général G.-M. Bullock commande les troupes britanniques; quatre sujets anglais occupent des postes de sous-secrétaires d'Etat; les chemins de fer sont sous la direction du major Johnstone; les douanes relèvent de M. A. Chitty; les ports dépendent de l'amiral sir R. M. Blomfield, etc...

Au point de vue géographique, l'Egypte n'est, en réalité, qu'une longue vallée de 1.200 kilomètres allant de la cataracte d'Assouan (1re cataracte) à la Méditerranée. Dans sa partie supérieure, cette vallée — désignée sous le nom de *Saïd*, ou Haute-Egypte, et comprise entre Assouan et Assiout — est tellement étroite qu'un piéton peut facilement la traverser en quelques heures. Entre Assiout et le Caire, la vallée s'élargit et prend le nom de *Ouestanieh*, ou Moyenne-Egypte. Au Caire commence le *Delta*, qui est la Basse-Egypte ou Egypte-Maritime.

Au point de vue administratif, l'Egypte est divisée en deux grandes régions : Le *Beherah* comprenant seulement la Basse-Egypte et le *Saïd* qui englobe la Haute et la Moyenne Egypte. Le Soudan égyptien a une administration indépendante depuis 1899.

Le Beherah et le Saïd se subdivisent eux-mêmes en six gouvernorats (*Moafzas*) et en quatorze provinces (*Moudiriehs*). Le Beherah comprend les six gouvernorats du Caire, d'Alexandrie, de Damiette, du canal de Suez avec les villes de Port-Saïd et d'Ismaïlieh, de Suez avec la péninsule du Sinaï, d'El Arish. Il comprend, en outre, les six *Moudiriehs* suivants : Kalioubieh, Menoufieh, Gharbieh, Dakalieh, Beherah. Le Saïd renferme les huit autres *Moudiriehs* : Guizeh, Minia, Beni Souef, Fayoum, Assiout, Guerga, Kena, Assouan.

Moafzas et *Moudiriehs* sont administrés par des gouverneurs et des *moudirs* qu'assistent des délégués ; leur rôle est analogue à celui de nos préfets et de nos sous-préfets avec cette différence qu'ils assurent la rentrée des impôts.

Telle est l'administration intérieure de l'Egypte. Bien que le ministre des affaires étrangères soit le seul membre du cabinet qui n'ait pas auprès de lui un conseiller britannique, on peut affirmer qu'au point de vue extérieur, la politique du pays est complètement, aujourd'hui, entre les mains de l'Angleterre. Et c'est là le résultat de savants et patients efforts.

Ainsi que nous l'avons expliqué dans le précédent chapitre, l'action diplomatique française fut longtemps pour le protectorat britannique, une source de constants embarras. Depuis 1882, sa situation d'occupant n'était fondée que sur des faits et non pas sur des droits : nous pouvions gêner ces droits en exerçant les nôtres et nous n'y manquions point ; mais ces droits étaient seulement d'un ordre financier et prolonger une opposition stérile devait finir par léser nos propres intérêts. Mieux valait à tous les points de vue, répétons-nous, abolir ce sujet de discorde qui, depuis vingt années, aigrissait les rapports entre Français et Anglais. Tel fut le but atteint par la convention du 8 avril 1904 qui consacra l'entente cordiale et dont la question d'Egypte forme l'article principal :

« Le gouvernement de S. M. Britannique, dit cet article, déclare qu'il n'a pas l'intention de changer l'état politique de l'Egypte.

« De son côté, le gouvernement de la République française déclare qu'il n'entravera pas l'action de l'Angleterre dans ce pays en demandant qu'un terme soit fixé à l'occupation britannique ou de toute autre manière, et qu'il donne son adhésion au projet de décret khédivial qui est annexé au présent arrangement, et qui contient les garanties jugées nécessaires pour la sauvegarde des intérêts des porteurs de la Dette égyptienne, mais à la condition qu'après sa mise en vigueur, aucune modification n'y pourra être introduite sans l'assentiment des puissances signataires de la Convention de Londres de 1885.

« Il est convenu que la direction générale des antiquités en Egypte continuera d'être, comme par le passé, confiée à un savant français.

« Les écoles françaises en Egypte continueront à jouir de la même liberté que par le passé. »

Par cet accord, nous avons donc reconnu l'état de choses existant en Egypte ; nous avons admis la prépondérance de l'Angleterre, mais en conservant toutes les forces appuyant notre propre influence : capitulations, tribunaux mixtes, Caisse de la dette, écoles, fonctions publiques, liberté commerciale, droits spéciaux de la science française, etc..., il n'est rien qui ait été supprimé, et l'Angleterre a adhéré sans réserve à la neutralité du canal de Suez.

La signature de cet accord a ouvert pour l'Egypte et pour le Soudan égyptien une ère nouvelle car l'Angleterre, libre de ses mouvements, peut y appliquer désormais son programme intégral.

*
* *

La superficie totale de l'Egypte (les possessions du Soudan non comprises) est de 994.300 kil. car., mais la superficie cultivable atteint à peine 33.000 kilomètres carrés et la partie cultivée ne dépasse pas sensiblement 20.000 kilomètres carrés ou 500.000 feddans. Ce médiocre espace est exceptionnellement peuplé. D'après le recensement du 1er juin 1897, le dernier connu, qui ne comprenait ni l'oasis de Siouah, ni les tribus des Bédouins de la péninsule du Sinaï, ni le gouvernorat de Souakim et la province soudanaise de Dongola : la population de l'Egypte était de 9.734.405 habitants. dont 4.947.850 hommes et 4.786.555 femmes, C'est-à-dire que sa densité s'élevait à 285 habi-

tants par kilomètre carré, densité supérieure même
à celle de la Belgique.

Dans les chiffres que nous venons de citer se
trouvaient 112.574 étrangers, dont 38.175 Grecs ;
24.467 Italiens ; 19.557 Anglais ; 14.155 Français ;
7.117 Austro-Hongrois ; 3.193 Russes ; 1.277 Alle-
mands ; 1.301 Persans et 3.332 individus appartenant à diverses nationalités.

Dans le courant du XIXᵉ siècle, la population
égyptienne a subi la progression suivante :

Date des recensements	Habitants
1800 (Evaluation française)...............	2.460.000
1821 (Evaluation de Méhómet Ali)......	2.536.400
1846 Recensement	4.476.440
1882 —	6.818.919
1897 —	9.734.405

L'augmentation moyenne annuelle a donc été
de 1.42 0/0 entre 1846 et 1882 et de 2.85 0/0 entre
1882 et 1897. Depuis cette dernière date, cette proportion, à en croire les rapports des consuls, a dû
sensiblement s'accroître, car on estime la population de l'Egypte, en 1906, à plus de 13 millions
d'habitants ; mais nous manquons de chiffres officiels et pour examiner la répartition de la population par profession ou par nationalité, nous
devons encore nous reporter au recensement de
1897.

Voici un tableau de cette répartition :

Population Egyptienne par profession en 1897

Nature d'emploi	Egyptiens	Étrangers	Total
Agriculteurs	2.019.258	385	2.049.643
Industrie et Commerce..	553.818	27.865	581.683
Employés................	250.474	7.351	257.825
Professions libérales....	6.625	2.148	8.773
Religion et instruction..	158.841	6.410	165.251
Force publique.........	29.201	6.850	36.051
Domestiques.............	144.328	4.395	148.723
Total	3.192.545	55.404	3.247.949
Emplois non déclarés....	(1)3.230.762	35.538	3.266.300
Total de la population au-dessus de 10 ans......	6.423.307	90.942	6.514.249
Population au-dessous de 10 ans............ ...	3.198.524	21.632	3.220.156
Population totale........	9.621.831	112.574	9.734.405

L'agriculture occupe donc les deux tiers de la population masculine indigène.

Les Egyptiens proprement dits, qui constituent la grande majorité de cette population, comprennent surtout des fellahs et des coptes. Les fellahs, ou agriculteurs, sont les plus nombreux ; ils appartiennent à l'islamisme depuis la conquête arabe ; les coptes sont restés fidèles à la religion chrétienne qui était la religion nationale de l'Egypte avant cette conquête.

Les fellahs sont agriculteurs dans les campagnes et ouvriers dans les villes ; les coptes occupent un rang social plus élevé comme fonctionnaires

---

(1) Dans ce chiffre les femmes entrent pour 3.088.673.

7.

de tout ordre, commerçants, banquiers, industriels, etc.... Mais coptes et fellahs sont les descendants directs des anciens habitants de l'Egypte, et il suffit de les comparer avec les images de leurs ancêtres, gravés sur les monuments de la plus haute antiquité, pour se convaincre de l'identité de race.

Dans son célèbre ouvrage sur *l'Angleterre en Egypte*, lord Milner, qui fut, au Caire, sous-secrétaire d'Etat aux finances avant d'être gouverneur du Transvaal, cite l'augmentation de la population constatée entre 1882 et 1897 comme la meilleure preuve de l'efficacité des progrès réalisés sous les auspices de la Grande-Bretagne : « Cette augmentation, écrit-il, n'est pas inférieure à 43 0/0 : elle s'est produite en même temps que diminuait le fardeau des impôts, que s'amélioraient les conditions de bien-être, que l'on consentait de grands sacrifices pour accroître, par des travaux publics sagement compris, la prospérité du pays. »

Cette observation est fort juste, et nous devons loyalement reconnaître que la situation morale et matérielle de la population indigène de l'Egypte s'est encore améliorée depuis 1897.

La population étrangère, attirée par une plus grande sécurité et par le développement de la prospérité du pays, a elle-même progressé, entre 1882 et 1897, de 89.643 à 112.574 individus, et voici quelles ont été les variations par nationalité :

Population étrangère de l'Egypte en 1882 et 1897 :

Nationalité	1882	1897	Différences en 1897
Grecs..............	37.300	38.175	+ 875
Italiens............	18.600	24.467	+ 5.687
Français..........	15.716	14.155	— 1.561
Anglais..........	6.118	19.657	+ 13.439
Austro-hongrois..	8 000	7.117	— 883
Allemands........	950	1.277	+ 327
Divers.............	2.959	7.826	+ 4.867
Totaux......	89.643	112.574	+ 22.931

Ce sont naturellement les Anglais qui ont fourni la plus forte part de l'immigration égyptienne entre 1882 et 1897 et il est même certain que depuis cette dernière date leur nombre, ainsi que celui des autres étrangers, a considérablement augmenté, car, d'une part, les cadres de l'administration égyptienne se sont élargis au profit des fonctionnaires anglais et, d'autre part, le développement prodigieux des affaires commerciales, industrielles et financières, survenu en Egypte depuis la reprise du Soudan, a attiré dans la vallée du Nil une quantité considérable de Grecs et de Levantins qui s'y sont installés à demeure.

C'est peut-être en Egypte que les Anglais ont appliqué, avec le plus de succès, leurs merveilleuses qualités de colonisateurs. La population étrangère domiciliée dans le pays en 1882, et dans laquelle l'élément britannique représentait moins de 7 0/0, se composait surtout de Grecs, d'Italiens, de Français, d'Autrichiens, lesquels disposant de ressources financières importantes, exploitant les industries locales, dirigeant, par leurs journaux, l'opinion publique, etc..., avaient des intérêts opposés à ceux que les Anglais comptaient faire prévaloir.

Ces étrangers, qui possédaient les sympathies de la population indigène, firent en général mauvais accueil aux nouveaux conquérants et subirent, avec humeur, un changement de régime dont ils redoutaient les conséquences. Mais les Anglais ont appliqué le plus sûr moyen d'acquérir, sinon l'affection, du moins le respect et même les sympathies de la population indigène et de la colonie étrangère : en rendant le sol aux fellahs, en les arrachant aux usuriers, en les délivrant de la corvée, ce dernier vestige de leur ancien esclavage, en leur assurant une justice plus impartiale, et, enfin, en améliorant très sérieusement les finances de l'Etat; ce qui a permis une notable diminution des impôts et l'exécution, à l'aide des seuls revenus publics, de nombreux travaux ayant pour but d'augmenter la production nationale, agricole et industrielle.

Il en est résulté pour l'Egypte nouvelle un développement incontestable de la prospérité et du bien-être publics dont les étrangers établis dans le pays ont profité, plus vite encore que la population indigène, car étant les fournisseurs et les intermédiaires de cette population, ils réalisent aujourd'hui des bénéfices qu'ils n'auraient vraisemblablement jamais obtenus avec l'ancien régime.

VI

Le Soudan égyptien

Depuis la convention du 19 janvier 1899, le Soudan est placé sous le commandement suprême d'un officier qui a le titre de gouverneur général et qui est nommé par le khédive « avec la sanction du gouvernement britannique ».

Cette convention — que le Sultan et le concert européen n'ont pas encore reconnue — consacre cependant le protectorat anglais en stipulant qu'aucun consul, ou agent consulaire étranger, ne peut résider au Soudan « sans avoir reçu l'*exequatur* du gouvernement britannique. »

Le système du gouvernement du Soudan est assez difficile à définir, car ce n'est pas un gouvernement militaire, bien que le gouverneur général et ses principaux collaborateurs soient des officiers de l'armée anglaise ou égyptienne, et ce n'est pas, non plus, un gouvernement civil, dans le sens que nous attribuons à ce mot, parce qu'il n'est soumis à aucun contrôle officiel. C'est plus exactement une administration bureaucratique et despotique, tempérée par le contrôle personnel de lord Cromer et par la responsabilité individuelle des représentants du pouvoir à l'égard du gouvernement anglo-égyptien.

Cette administration, dégagée du régime des capitulations qui subsiste encore en Turquie, en Egypte et dans toutes les autres parties de l'Empire ottoman, a pour base une très large décentralisation. Lord Cromer et le gouverneur général arrêtent ensemble les questions de principe, mais tous les détails d'exécution, sont réglés sur place sans intervention du gouvernement égyptien ou du gouvernement britannique. De même, le gouverneur général après s'être mis d'accord sur les grandes lignes avec les gouverneurs des différentes provinces, laisse à ceux-ci la plus grande latitude pour leur administration respective.

Le gouverneur général actuel du Soudan, Sir Reginald Wingate, est en même temps *Sirdar*, ou général en chef de l'armée égyptienne ; il exerce ses fonctions depuis six années, et les excellents résultats qu'il a déjà obtenus prouvent que le général Gordon se trompait quand il écrivait en 1884 : « Le Soudan est une possession absolument inutile, l'a toujours été et le sera toujours ».

Cette opinion, d'ailleurs partagée par le plus grand nombre d'officiers anglais ayant séjourné dans le Soudan, était justifiée par les énormes difficultés d'accès qu'il fallait alors surmonter pour atteindre les hautes régions nilotiques en venant soit de la Méditerrannée, soit de la mer Rouge.

On pouvait, du Caire, atteindre Khartoum par trois routes : 1° En remontant le Nil, de cataracte en cataracte, par toutes les sinuosités de son cours ; 2° en remontant le Nil et en évitant ensuite les grands détours du fleuve par la traversée en caravane du désert de Bayouda à l'Ouest ; 3° en quittant le Nil à Korosko, situé entre la première et la deuxième cataracte, et en le rejoignant dans la direction de l'Est à Abou-Hamed, après avoir franchi le grand désert de Nubie.

La descente du Nil entre Khartoum et le Caire s'effectuait en barque pendant la crue — ce qui permettait de franchir les cataractes — mais les voyageurs couraient de grands risques et il fallait environ trois mois pour parcourir les 2.741 kilomètres de fleuve qui séparent les deux villes ; quant à la montée, qui ne pouvait se faire qu'à l'étiage, elle demandait au moins six mois. Une des plus rapides que l'on connaisse est celle que le duc d'Aumont a effectuée en 1851. Il partit d'Ouadi-Halfa le 4 septembre et arriva à Khartoum le 3 janvier de l'année suivante : soit quatre mois pour remonter 1.448 kilomètres.

Ismaïl voulut essayer la navigation à vapeur et fit partir, en 1864, dix bateaux à vapeur du Caire : deux de ces bateaux atteignirent Khartoum au bout de six mois; six n'y arrivèrent qu'après dix-huit mois et les deux autres sombrèrent dans les rapides.

La route la plus facile que le gouvernement égyptien utilisait pour le service des postes, avant l'insurrection mahdiste de 1882, était celle de l'Est par le grand désert de Nubie. On allait en chemin de fer du Caire à Assiout (407 kilomètres) et en bateau d'Assiout à Korosko (667 kilomètres). A Korosko, on quittait la vallée du Nil et on s'engageait dans le désert de Nubie qu'on traversait dans sa grande largeur pour atteindre Abou-Hamed sur le Nil (345 kil.) et Berber également sur le Nil (230 kil.). De Berber, on gagnait Khartoum par le fleuve (345 kil.) après avoir franchi la sixième cataracte.

Pour se rendre du Caire à Korosko on mettait de 12 à 18 jours, selon la saison. On mettait ensuite 18 autres jours pour traverser, toujours très péniblement, le désert de Nubie jusqu'à Abou-Hamed — trajet que les Nubiens chargés de la poste effectuaient en 9 jours, grâce aux chameaux coureurs qu'ils employaient. — Enfin, d'Abou-Hamed à Berber et Khartoum, le voyage durait entre 10 et 15 jours.

Il fallait donc au moins un mois à une lettre pour aller du Caire à Khartoum, et généralement près de deux mois aux voyageurs et aux marchandises.

Par cette route, cependant plus courte que celle du Nil d'environ 650 kilomètres, le transport d'une tonne de marchandise entre Khartoum et Alexandrie, et *vice versa*, revenait à près de 400 fr. C'est assez dire que, sauf pour quelques rares marchandises — telles que l'ivoire et les plumes d'autruches à l'exportation, les cotonnades à l'importation et les articles nécessaires à l'existence des fonctionnaires et officiers résidant dans le Haut-Nil — tout commerce était impossible entre le Soudan, l'Egypte et l'étranger.

La route pouvait être abrégée par une déviation sur la mer Rouge allant de Berber à Souakim (370 kilomètres); mais la région désertique qui sépare ces deux villes était encore plus aride et plus pénible à franchir que celle du désert de Nubie et les caravanes prenaient de préférence cette dernière.

Cependant la route Khartoum-Souakim est la véritable route commerciale du Haut-Nil, car elle met la capitale du Soudan à seulement 700 kilomètres de la mer Rouge et le gouvernement égyptien l'a si bien compris qu'il n'a pas hésité à construire, à ses frais, une voie ferrée reliant le Nil à la mer Rouge, ligne aujourd'hui terminée et dont nous parlerons plus loin.

La question des chemins de fer, qui est pour le Soudan presque aussi importante que celle de l'eau du Nil pour l'Egypte, était déjà à l'étude au moment de l'insurrection mahdiste : Elle revint à l'ordre du jour, en 1895-1896, quand les gouvernements anglais et égyptien se décidèrent à reconquérir le Soudan.

Une première ligne stratégique, hâtivement construite entre Ouadi-Halfa et Kerma sur la rive droite du Nil, permit à lord Kitchener, alors sirdar, d'amener, sans les fatigues horribles que les anciennes expéditions soudanaises avaient toujours imposées aux conquérants égyptiens, sa petite armée jusqu'à une trentaine de kilomètres de Dongola. La ville fut prise le 23 septembre 1896 et après ce rapide succès lord Kitchener prépara la grande expédition qui devait, deux ans plus tard, anéantir le Khalifat.

« Particularité remarquable — dit M. de Freycinet dans sa *Question d'Egypte* — et qui met en relief les talents d'organisateur de lord Kitchener, un chemin de fer de campagne fut jeté dans le désert (entre Ouadi-Halfa et Abou-Hamed) pour faciliter le transport de l'armée et les ravitaillements ; on renonçait à la voie du Nil, qui aurait exigé un trop grand nombre de bateaux et eût été fort lente. Tout fut prêt, vers le milieu de l'année 1897, pour un effort décisif. Berber fut occupé sans coup férir, l'émir Mahmoud ayant évacué la place. »

Lord Kitchener continua sa marche vers Khartoum, et strictement suivi par la ligne ferrée, dont le ruban s'allongeait de jour en jour, il s'empara de Matammeh (sur la rive gauche du Nil, à 175 kilomètres de Khartoum) le 8 avril 1898 en tuant 3.000 derviches et en faisant prisonnier l'émir Mahmoud. Après avoir reçu les renforts nécessaires, il se remit en marche et arriva le 1er septembre devant Omdourman — que le Mahdi et son successeur avaient choisi comme capitale à la place et en face de Khartoum — et le lendemain le Khalifat n'existait plus.

C'est la ligne d'Ouadi-Halfa qui a donc permis à lord Kitchener de mener si rapidement sa brillante campagne et avec des dépenses infiniment moins élevées — y compris les frais de construction du chemin de fer — que celles nécessitées par les expéditions antérieures. Il fut vainqueur et sa victoire arriva à point pour la politique anglaise: en effet, la mission Marchand occupait alors Fachoda et, sans la bataille d'Omdourman, le gouvernement britannique, agissant au nom du khédive, n'aurait pu faire valoir aucune bonne raison pour contester les droits que cette occupation créait à la France.

La ligne d'Ouadi-Halfa à Khartoum, aujourd'hui exploitée par le gouvernement soudanais, a une longueur totale de 896 kilomètres. Evitant la boucle que le Nil décrit entre Abou-Hamed et la deuxième cataracte, elle traverse, dans la direction du sud-est, le grand désert de Nubie (360 kilomètres), rejoint de nouveau la rive droite du fleuve à Abou-Hamed, passe à Berber (576 kilomètres) et franchit l'Atbara sur un beau pont de fer (607 kilomètres).

C'est près du confluent de cette rivière, situé à 30 kilomètres de Berber et à 290 kilomètres de Khartoum, que le gouvernement soudanais a placé la tête de ligne du *Nile Red Sea R. R.* (Chemin de fer du Nil à la mer Rouge), qui est un véritable embranchement de la ligne Ouadi-Halfa-Khartoum.

Le gouvernement soudanais, dans le but de

rendre les communications entre Khartoum et le Caire aussi faciles qu'agréables, a organisé des trains de luxe qui font en 27 heures le trajet entre Halfaya (tête de ligne située au-dessous du confluent du Nil Blanc et du Nil Bleu) et Ouadi-Halfa (896 kilomètres). Des bateaux à marche rapide, parfaitement installés au point de vue du confortable, et appartenant également à l'Etat soudanais, correspondent aux trains de luxe de Khartoum et marchant nuit et jour, mettent 36 heures pour franchir les 348 kilomètres de fleuve qui séparent Ouadi-Halfa d'Assouan. Entre Assouan (point terminus actuel des chemins de fer de la Haute-Egypte) et le Caire (888 kilomètres), les trains de luxe égyptiens, partant immédiatement après l'arrivée des bateaux de l'Etat, effectuent le parcours en 26 heures.

De sorte qu'un voyageur peut actuellement faire en moins de quatre jours, et dans des conditions absolument parfaites de bien-être, un trajet qui demandait, avant la reprise du Soudan, près de deux mois et qui exigeait des privations et des fatigues souvent excessives. Ajoutons que le prix de ce voyage, aller-retour, ne coûte que 1.400 fr. environ, nourriture et tous frais compris, alors qu'il revenait à plus du triple quand il fallait le faire en dahabieh et à dos de chameau.

Quant aux marchandises, qui payaient en moyenne 400 fr. la tonne pour se rendre de Khartoum à Alexandrie, et qui souvent subissaient en route de sérieuses détériorations, elles ont bénéficié d'une réduction de prix de plus de 60 0/0, la durée de leur transport a diminué des deux tiers et elles arrivent à destination sans avarie appréciable.

Mais ce n'est pas tout: Le gouvernement soudanais a organisé, depuis l'année dernière, un service régulier de bateaux à vapeur entre Khartoum et Gondokoro, tête de navigation du Haut-Nil. Cette station, située dans l'Ouganda, à 1.855 kilomètres de Khartoum par le fleuve, et à seulement 600 kilomètres à vol d'oiseau du grand lac équatorial Victoria-Nyanza, n'est plus ainsi qu'à quatorze jours de distance de la capitale du Soudan.

On peut donc aujourd'hui se rendre de Paris ou de Londres au centre de l'Afrique équatoriale en moins de quatre semaines et avec le plus luxueux confort. C'est ce qui explique le développement progressif du commerce extérieur et des recettes du gouvernement soudanais que nous examinerons plus en détail.

La ligne stratégique d'Ouadi-Halfa à Kerma, construite en 1896 pour faciliter la marche de l'armée anglo-égyptienne sur Dongola et que le gouvernement soudanais avait ouverte à l'exploitation publique comme celle de Khartoum, a été supprimée l'année dernière.

« Ce chemin de fer — dit lord Cromer dans son rapport de 1905 — qui avait été créé, à l'origine, pour répondre à certains besoins militaires du moment, ne présentait plus de garantie de solidité. Il ne se prêtait qu'à de légers transports. Il ne valait certainement pas la peine qu'on dépensât d'importantes sommes pour son entretien. On va construire à sa place une ligne allant d'Abou-Hamed à Kareïma, qu'une bonne voie navigable relie à Dongola. Selon les prévisions, cette ligne sera ouverte à l'exploitation au printemps de 1906. Je suis certain que son achèvement va donner une grande impulsion au développement commercial de la province de Dongola, qui sera mise ainsi en communication directe et facile avec Khartoum et la mer Rouge. »

En effet, cette nouvelle ligne est aujourd'hui terminée et on peut aller en moins de deux jours de Dongola à Khartoum ou à Souakim, parcours que les caravanes mettaient jadis plus de deux semai nes à accomplir.

Le raccordement direct à la mer Rouge de Khartoum — où tous les produits du Darfour, du Kordofan, du Sennâar et du pays des rivières viennent aboutir — et des deux plus fertiles provinces de la Nubie supérieure : Dongola et Berber, aura nécessairement une très grande influence sur la transformation économique du Soudan.

C'est évidemment ce que lord Cromer et Sir R. Wingate ont compris en construisant l'embranchement de l'Atbara à Souakim ou plus exactement la ligne du Nil à Cheikh-Barghout que l'on vient de baptiser du nom caractéristique de *Port-Soudan*, et dont la rade offre un meilleur mouillage et un plus facile accès que celle de Souakim.

« La résolution de faire de Cheikh-Barghout le port du Soudan — et le terminus du chemin de fer — dit le major Howard, gouverneur de Souakim, dans son rapport, a produit une profonde consternation parmi ceux qui possèdent des biens à Souakim. Le coup qui leur est porté est incontestablement dur. Toutefois les arguments qu'ils avancent en faveur de Souakim ne sont guère plausibles, et le nombre des bateaux de fort tonnage qui se sont échoués cette année à l'entrée du port témoigne surabondamment des inconvénients que présente Souakim comme port de mer ».

La ligne du Nil à la mer Rouge est aujourd'hui en exploitation et d'après les tarifs qui y sont appliqués le gouvernement soudanais estime que les marchandises étrangères à importer au Soudan, et les produits indigènes à exporter à l'étranger, bénéficieront d'une économie nette de transport d'au moins 75 francs par tonne, Khartoum étant pris comme point de départ ou de destination. Et ce calcul ne tient compte ni de l'économie de temps, ni de la suppression des avaries que l'ancien mode de transport rendait inévitables.

Les poutres d'acier et le ciment de Portland, qui coûtaient 250 fr. et 175 fr. la tonne, livrables à Khartoum, ne coûteront plus que 175 et 100 fr.

Quant à la houille anglaise, son prix s'abaissera de 160 à 85 fr. environ.

En ce qui concerne l'effet probable sur les exportations, le rapport de lord Cromer citait l'exemple suivant : Le prix du sorgho à Khartoum est de 25 à 30 piastres égyptiennes (P. E. = 0 fr. 2592) l'ardeb (198 litres), soit en moyenne 3 fr. 55 l'hectolitre. Le prix du sorgho sur les marchés des ports de la mer Rouge varie de 90 à 110 piastres égyptiennes l'ardeb, ce qui le met au prix moyen de 13 fr. 10 l'hectolitre.

Pour le transport entre Khartoum et Port-Soudan, le chemin de fer ne prendra que 15 piastres par ardeb, soit 1 fr. 45 par hectolitre : Donc, les marchands de Khartoum devront offrir aux producteurs de sorgho au moins 70 piastres l'ardeb, ou 9 fr. 20 l'hectolitre, sinon tout le sorgho disponible sera expédié vers la mer Rouge. « Un fait de cette nature, ajoutait lord Cromer, est, je pense, suffisant pour montrer l'avantage que retireront les cultivateurs du Soudan de la construction du chemin de fer. »

Le projet d'ouverture d'une ligne purement soudanaise, allant directement de Khartoum et du Nil à la mer Rouge, a été vivement critiqué et est encore très discuté dans certains milieux égyptiens, parce qu'on croit que cette ligne — construite avec les fonds que l'Égypte a avancés au gouvernorat soudanais — détournera vers la mer Rouge tout le trafic que la pacification des provinces du Haut-Nil et leur mise en valeur doivent y créer.

L'Egypte et ses chemins de fer, dit-on, perdront ainsi le bénéfice de la transformation économique du Soudan dont les contribuables du Delta et du Saïd auront à supporter toutes les charges. L'objection paraît grave, mais lord Cromer et ses collaborateurs y ont répondu en démontrant que, sans cette ligne, le Soudan resterait, selon l'expression du général Gordon, une possession absolument inutile pour l'Egypte.

Quoi qu'il en soit, la ligne du Nil à la mer Rouge est aujourd'hui ouverte à l'exploitation, et c'est maintenant à l'expérience des faits qu'il appartient d'en démontrer l'importance économique et d'établir dans quelle proportion les intérêts respectifs du Soudan égyptien et de l'Egypte elle-même pourront en bénéficier.

La question de la mise en valeur des provinces soudanaises est une de celles qui préoccupent le plus lord Cromer, et maintenant que l'entente franco-anglaise du 8 avril 1904 a donné à la Grande-Bretagne une plus large liberté financière en Egypte, il est probable que les choses iront vite.

La reprise du Soudan, c'est-à-dire les opérations militaires dirigées par lord Kitchener de 1896 à 1899, a coûté 2.412.000 livres égyptiennes, ou 62.700.000 francs, dont 1.632.000 liv. égypt. au compte du Trésor égyptien et 780.000 liv. égypt.

à la charge de l'Angleterre. Cette reprise de provinces éloignées et arides était-elle vraiment nécessaire à l'Egypte ? Après les immenses services que le grand réservoir d'Assouan a rendus à l'Egypte depuis quatre ans, et surtout depuis la publication du magistral rapport de sir W. Garstin (1904), il n'est plus permis d'en douter.

Sir W. Garstin a, en effet, établi qu'en exécutant une série de travaux dans le Soudan et en Egypte, d'un montant approximatif d'environ 556 millions de francs, on pourrait augmenter très sensiblement le volume de l'eau destinée aux irrigations égyptiennes et améliorer, par cela même, les conditions de l'agriculture indigène dont dépend essentiellement la prospérité actuelle et l'avenir économique et social du pays.

D'après le programme inséré dans le rapport de lord Cromer de 1904, les travaux à exécuter au Soudan — barrages, réservoirs, chemins de fer et constructions diverses — représenteraient 338 millions de francs et ceux de l'Egypte 218 millions ; mais l'éminent homme d'Etat a soin de faire observer que les dépenses du Soudan étant surtout destinées à régulariser le régime des deux Nils et à en régler le débit d'une manière en quelque sorte automatique, malgré les différences des pluies équatoriales, profiteraient plus encore à l'Egypte qu'au Soudan.

Le principe du plan W. Garstin est d'employer toutes les eaux du Nil Blanc en faveur de l'Egypte et d'utiliser celles du Nil Bleu pour « donner la vie

aux vastes espaces, connus sous le nom de Ghe-
zireh qui s'étendent entre le Nil Blanc et Nil Bleu.»

En ce qui concerne l'ordre d'exécution lord Cromer estime que la construction des chemins de fer
doit précéder celle des grands ouvrages d'irrigation
parce que le transport des matériaux nécessaires
à l'édification des barrages et des réservoirs sera
ainsi beaucoup plus économique et il ajoute :

« Il n'est que juste, puisqu'elle fournit les fonds,
que l'Egypte ait le pas sur le Soudan dans la
question de l'eau. Aussi dès l'heure où les agents
du service des irrigations seront à même d'indiquer en toute confiance les travaux qu'ils se proposent d'entreprendre au Soudan, en vue d'améliorer la fourniture d'eau à l'Egypte, ces travaux
devront avoir la priorité sur tous les autres. J'ajouterai, bien qu'on ne puisse encore rien préciser,
que le chemin de fer du Nil à la mer Rouge facili-
tera dans une large mesure la construction de ces
travaux et en diminuera les frais. »

La possession du Soudan est donc réellement
indispensable à l'Egypte, non pour les profits commerciaux qu'elle doit en retirer, mais pour lui
assurer d'une manière effective le contrôle et la
libre disposition des eaux du grand fleuve sans
lesquelles elle ne peut vivre.

*
* *

En 1905, le budget du Soudan s'est liquidé par
1.040.000 liv. ég. de recettes et 875.000 liv. ég.

de dépenses, laissant un excédent de 165.000 liv. ég.
à porter à l'actif du fonds de réserve. Dans les
recettes figurent une contribution de 380.000 liv. ég.
du gouvernement égyptien ; une recette extraordinaire de 83.000 liv. ég. provenant des droits
perçus sur le matériel du chemin de fer du Nil à
la mer Rouge et du Port-Soudan ; 8.000 liv. ég.
payées par le gouvernement égyptien pour l'expédition de Bahr el-Ghazal et 569.000 liv. ég. de
recettes ordinaires. Dans les dépenses est comprise une somme de 187.000 liv. ég. versée à
l'Egypte par le gouvernement soudanais pour par-
ticipation aux frais d'entretien de l'armée égyptienne.

Les recettes ordinaires, qui étaient de 35.000
liv. ég. en 1898, se sont successivement élevées à
126.000 liv. ég. en 1899, à 156.000 liv. ég. en 1900,
à 242.000 liv. ég. en 1901, à 270.000 liv. ég. en
1902, à 462.000 liv. ég. en 1903, à 535.000 liv. ég.
en 1904 et à 569.000 liv. ég. en 1905. Elles sont
prévues pour 622.000 liv. ég. dans l'excercice
1906.

De 1899 à la fin de 1905 le Trésor égyptien a
avancé au gouvernement du Soudan — principalement pour la construction des lignes du Nil à la
mer Rouge et d'Abou-Hamed à Kereima-Dongola
— 2.633.000 liv. ég. (68.450.000 fr.) et en dehors
de ces avances, qui seront remboursées à l'Egypte
quand la situation financière du Soudan le permettra, le budget khédivial supporte, chaque
année, une charge administrative de 380.000 liv. ég.,

compensée en grande partie par la contribution particulière du Soudan dans les dépenses militaires de l'Egypte ; par les droits de douanes perçus au profit du Trésor égyptien sur les marchandises importées au Soudan ; par les recettes que les marchandises et le transport des fonctionnaires du Soudan font réaliser aux chemins de fer de l'Etat égyptien, etc... Bref, lord Cromer a calculé qu'en déduisant ces recettes des 380.000 liv. ég. versées par le Trésor égyptien, la part de l'Egypte dans les dépenses administratives du Soudan, n'a pas dépassé 27.000 liv. ég. en 1904 et 33.000 liv. ég. en 1905.

On peut affirmer qu'à aucune époque l'occupation du Soudan n'a coûté aussi peu aux contribuables égyptiens.

D'ailleurs, il est probable que la réalisation du vaste programme de sir W. Garstin permettra rapidement au gouvernorat de Khartoum de se passer de la redevance annuelle de l'Egypte et même de lui restituer, par la suite, les avances de premier établissement — que lord Cromer qualifie avec raison de *dépenses patrimoniales* — qui incomberont tout particulièrement au Soudan.

En effet, les travaux projetés dans les hautes contrées nilotiques bien qu'ayant pour objectif principal l'amélioration du régime du fleuve en faveur de l'Egypte, donnera immédiatement aux provinces soudanaises de puissants moyens de transformation économique en mettant à leur disposition des voies de communication rapides et à

bon marché et en les dotant d'un système d'irrigation propre pouvant y développer, sur une vaste
échelle, la production agricole sans nuire à l'agriculture égyptienne.

Grâce à cette transformation d'immenses espaces aujourd'hui sans valeur, appartenant à l'Etat,
ou dont le droit de propriété est encore mal déterminé, seront mis en rapport et augmenteront soit
par l'impôt, soit par des réalisations domaniales,
les revenus annuels du budget soudanais.

C'est un nouveau pays qui se créera ainsi sur
les bords du Haut-Nil et c'est surtout l'Egypte qui
profitera de cette création car — malgré la ligne
du Nil à la mer Rouge et peut-être même à cause
de cette ligne — ce sont les marchés d'Alexandrie
et du Caire, où les nouvelles affaires soudanaises
viendront principalement se constituer, qui seront
les premiers bénéficiaires des grands intérêts financiers créés par la mise en valeur du Soudan égyptien.

VII

L'Agriculture Égyptienne

Depuis les temps les plus reculés et jusqu'à Méhémet-Ali, le sol égyptien est resté la propriété des gouvernants. Chaque famille, conformément à la constitution arabe, recevait en usufruit une parcelle territoriale qui pouvait être agrandie, diminuée ou même retirée par un simple caprice du Cheik-el-Belad, représentant local du fermier des impôts.

Les fellahs étaient ainsi à la merci de fonctionnaires rapaces qui les exploitaient sans pitié, mais leur situation fut sérieusement modifiée en 1813, lorsque Méhémet-Ali fit établir le premier cadastre égyptien. Alors, les familles reçurent des terres nettement délimitées avec jouissance exclusive, et en devinrent ainsi propriétaires de fait.

Mais cette transformation, qui eut au début d'excellents résultats, tourna plus tard au désavantage des fellahs lesquels, écrasés par la corvée et par les impôts dont leurs terres étaient frappées, durent les vendre ou se laisser exproprier. Il se constitua ainsi de grands domaines, soit au profit de riches particuliers, soit au profit de l'Etat, c'est-à-dire du vice-roi, des membres de sa famille ou de ses favoris.

« Si au temps de Méhémet-Ali — dit M. A. Chelu dans les remarquables pages qu'il a consacrées en 1890 à l'agriculture égyptienne — chaque famille détenait une parcelle de la terre communale qui leur avait été distribuée en parties à peu près égales, des milliers d'entre elles n'en possèdent plus actuellement, même un mètre carré ; leur patrimoine est passé peu à peu dans les mains des plus actifs, des plus habiles ou des plus énergiques. Pour vivre, ces familles, qui se sont laissé dépouiller, sont obligées de louer leurs bras ou de s'associer avec des voisins plus riches, et sont réduites à un état pire que celui dont les avait libérées le grand vice-roi d'Egypte. »

Ce tableau était vrai il y a quinze ou vingt années, mais depuis la suppression de la corvée, l'amélioration constante du régime des irrigations, l'allégement progressif des charges qui pesaient si lourdement jadis sur la population agricole et les facilités de crédit qui ont été données à cette population : la situation du fellah s'est complètement transformée.

Il a pu, enfin, jouir lui-même de son travail, et la terre dont on l'avait exproprié pour une raison quelconque, lui revient aujourd'hui, grâce au morcellement des grands domaines de l'Etat et de la *Daïra-Sanieh*, dont ses économies, ou le crédit qu'on lui accorde à des conditions relativement favorables, lui permettent de profiter.

Il n'existe malheureusement pas de statistique digne de foi permettant de comparer la répartition territoriale de l'Egypte à un long intervalle, mais à l'aide des documents publiés par le Département de l'Agriculture, on peut, depuis 1900, suivre rigoureusement les modifications qui se produisent.

Voici un tableau significatif :

Répartition du Sol de l'Égypte en 1900 et 1904 :

(Le feddan vaut 4.200 mètres carrés)

Surface possédée par les propriétaires	1900		1904	
	Nombre des propriétaires	Superficie en feddans	Nombre des propriétaires	Superficie en feddans
Au-dessous de 5 feddans	761.837	1.113.411	940.067	1.220.164
de 5 à 10 fed.	80.171	560.145	78.760	551.225
de 10 à 20 f.	39.710	550.774	38.539	533.884
de 20 à 50 f.	21.257	646.699	20.413	621.782
Au-dessus de 50 fed...	11.939	2.243.573	12.263	2.339.529
Totaux ..	914.414	5.114.052	1.090.042	5.265.684

Entre 1900 et 1904, la toute petite culture a augmenté sa surface de 106.753 feddans et le nombre de ses possédants de 178.730. De son côté, la grande culture, commençant aux propriétés de plus de 50 feddans, a gagné 95.956 feddans et 324 nouveaux propriétaires. Cette augmentation de 202.709 feddans de surface possédée a été fournie : 152.532 feddans par le morcellement des grands domaines et les nouvelles terres mises en valeur et 50.177

feddans par la moyenne culture qui a aussi une tendance à se diviser.

Au point de vue de la surface possédée, la petite culture représente 23.17 0/0, la moyenne culture — de 5 à 50 feddans — 32.41 0/0 et la grande culture 44.42 0/0. Mais la proportion des petits propriétaires est de 86.24 0/0 du nombre total des possédants, tandis que la proportion des grands propriétaires ne dépasse pas 1.12 0/0.

Sur les 5.266.584 feddans de surface territoriale, constatée en 1904, 4.635.659 feddans appartenaient à 1.083.877 propriétaires indigènes et 630.925 feddans à 6.165 propriétaires étrangers.

L'Egypte ne pouvant rien produire sans l'eau du Nil, c'est en somme le régime du grand fleuve qui règle toutes les conditions de l'agriculture indigène.

Avant 1837, toute la surface cultivée de l'Egypte était arrosée par bassins d'inondation que des canaux appelés *nili* remplissaient au moment de la crue. Ces bassins se déversaient ensuite dans les terres aménagées à cet effet, et aussitôt après le retrait des eaux — c'est-à-dire vers la fin d'octobre ou dans les premiers jours de novembre — on commençait les semailles du blé, de l'orge, du maïs, des fèves, des lentilles, etc.

Le grain semé à la volée dans la vase boueuse

laissée par le dépôt des eaux, était ensuite recouvert à l'aide de branches de palmier ou d'un large râteau que l'on passait simplement sur le sol ensemencé; puis le soleil faisait le reste. La moisson s'effectuait en mars et c'est pendant l'intervalle qui s'écoulait entre la crue et la récolte que les fellahs étaient réquisitionnés pour la corvée.

Ce genre de culture ne permettait qu'une récolte annuelle qui dépendait elle-même de la qualité de la crue; quand celle-ci était trop faible pour emplir complètement les bassins d'inondation, les terres ne s'arrosaient pas ou s'arrosaient mal; quand elle était trop forte elle emportait les digues de retenue et occasionnait de grands dommages. Méhemet-Ali inaugura un nouveau système en faisant construire de grands canaux d'irrigation, dits *Séfi,* qui assurèrent des arrosages permanents dans le Delta et dans une partie de la Moyenne Égypte, et grâce auxquels on put alors obtenir sur le même terrain deux et même trois récoltes par année.

Cet excellent système, que les grands travaux exécutés depuis Méhémet-Ali — et surtout les récents barrages d'Assouan et d'Assiout — ont généralisé dans la Moyenne et dans la Haute Égypte elle-même, y a rendu possible la culture intensive du coton et de la canne à sucre, et, ayant considérablement augmenté la puissance productive de la terre, il a provoqué la grande hausse foncière dont nous parlions dans notre deuxième chapitre.

Avec l'ancien système des bassins, l'eau de la crue, chargée de limon, donnait l'humidité nécessaire pour la germination du grain et un engrais naturel de très grande valeur. En se déposant, l'eau de crue laissait, en effet, une moyenne de plus de 4 mètres cubes de limon solidifié par feddan, et la richesse de ce limon suffisait pour maintenir à la terre d'Egypte sa fécondité proverbiale.

Avec l'irrigation permanente, les cultivateurs ont moins à compter avec le limon nilotique, car, pendant l'étiage, qui dure environ dix mois, les eaux du fleuve coulent presque limpides ; mais ce procédé leur procure le grand avantage d'arroser leurs terres pendant toute l'année et d'obtenir — grâce à quelques engrais additionnels — deux, trois et même quatre récoltes annuelles, alors que la culture par bassins ne leur en donnait qu'une seule.

M. A. Chelu a parfaitement décrit, pour le Delta, ce genre de culture, qui sera désormais généralisé à toute l'Egypte. Là où le régime des eaux permet d'arroser la terre toute l'année, dit-il en substance, les travaux agricoles des fellahs sont plus variés et plus constants que dans le reste de l'Egypte. Ils ne se contentent pas de semer le grain à la volée sur la terre après l'avoir inondée : c'est seulement après l'avoir labourée une ou plusieurs fois qu'ils lui confient la semence, et, pour ménager leurs terres, ils les divisent en trois parties, sur chacune desquelles ils observent une rotation triennale, en y cultivant successivement : 1° du blé ; 2° du coton ; 3° des cannes à sucre, du bersim (trèfle égyptien), des fèves ou de l'orge.

Indépendamment de ces trois principales cultures, dont la plus épuisante est celle du coton, il faut ajouter un certain nombre de récoltes secondaires, dites récoltes dérobées ou supplémentaires, telles que le maïs, le sésame, les légumes, etc..., qui suivent le blé, ou l'orge et les fèves. « Cette énumération suffit pour montrer combien cet assolement est intensif. Il faut certainement, pour que ce sol ait pu si longtemps faire face aux besoins de toutes les récoltes qu'on lui a fait jusqu'ici supporter, qu'il ait été d'une incontestable fertilité, qui, malheureusement, va en s'affaiblissant d'année en année. »

L'épuisement du sol est en effet l'une des préoccupations actuelles du gouvernement égyptien et il s'efforce d'y remédier en cherchant à vulgariser chez les fellahs les procédés de culture rationnelle et de reconstitution en usage dans les grands pays agricoles de l'Europe et en leur fournissant les moyens d'acheter des instruments aratoires perfectionnés et les engrais nécessaires.

En 1896, le gouvernement décida d'avancer par petites sommes 10.000 liv. égypt. aux cultivateurs. Cette première expérience donna des résultats suffisants pour en poursuivre l'application avec la

Banque Nationale d'Égypte, créée en 1898. Cet établissement prêta, en 1899, 27.000 liv. égypt. à 870 cultivateurs et le nombre des prêts ainsi que le montant de ces avances spéciales s'élevèrent à 9.500 prêts et 138.000 liv. égypt. à la fin de 1900 et à 15.000 prêts et 402.000 liv. égyp. à la fin de 1901.

C'était un excellent moyen d'arracher les malheureux fellahs à l'usure qui empêchait toute tentative d'amélioration de leur condition sociale. Il existait bien, depuis 1880, un *Crédit Foncier Egyptien*, mais les opérations de cet établissement étaient purement hypothécaires et ne pouvaient, par conséquent, atteindre le but poursuivi.

C'est ce qui conduisit la *Banque Nationale* à fonder, en 1902, une *Banque Agricole* au capital de 2.500.000 liv. st., à laquelle la *Banque Nationale* passa le service des petits prêts aux agriculteurs, et dont le capital et les opérations sont toujours allés en augmentant depuis.

Pour offrir une sécurité exceptionnelle aux capitaux engagés dans la *Banque Agricole*, le gouvernement égyptien lui garantit un intérêt de 3 0/0 sur toutes les sommes qu'elle aurait prêtées aux agriculteurs.

L'article 41 des statuts s'exprime ainsi :

Toutes les fois que pour un exercice quelconque, pendant les 50 années de la durée de la Société, les intérêts recouvrés dans l'exercice ainsi que les sommes perçues sur les prêts échus ou termes échus et non recouvrés des exercices précédents, n'atteindraient pas la somme nécessaire :

1° Pour couvrir toutes les dépenses de l'exercice et le montant des prêts ou termes échus et non effectivement recouvrés dans l'exercice ;

2° Pour laisser un bénéfice net représentant le 3 0/0 du capital engagé en prêts aux fellahs.

La somme complémentaire pour les effets ci-dessus sera prélevée sur le fonds de réserve et, en cas d'insuffisance du dit fonds de réserve, le Gouvernement versera à la Société, à titre de subvention, au plus tard le 15 février de chaque année, le solde de la somme nécessaire aux effets ci-dessus.

Dans ce dernier cas, les prêts ou termes échus et non recouvrés dans l'exercice, qui viendraient à être encaissés dans les exercices suivants, seraient versés au gouvernement jusqu'à concurrence de la subvention par lui payée à la Société.

Bien entendu, la Banque n'a jamais eu besoin de recourir à cette garantie.

Voici, d'ailleurs, un petit tableau qui montrera l'influence que cette innovation d'avances personnelles, par petites sommes, aux fellahs et aux petits propriétaires indigènes, a dû exercer dans la transformation économique qui s'est opérée en Egypte au cours de ces dernières années :

Avances aux petits agriculteurs égyptiens

Au 31 décembre	Nombre de prêts	Cap. avancé en liv. sterl.	Moy. p' prêt en liv. sterl.
1899 (Banque Nationale)..	870	27.000	31.0
1900 — ...	9.500	138.000	14.5
1901 — ...	15.000	402.000	26.8
1902 (Banque Agricole) ...	46.572	1.208.000	26.0
1903 — ...	78.911	2.186.746	27.8
1904 — ...	134.207	4.006.000	29.8
1905 — ...	185.530	5.913.509	31.9

Comme on le voit par le tableau ci-dessus, la moyenne des prêts ne dépasse pas 32 liv. sterl., soit environ 800 francs.

En 1905, la *Banque Agricole* a fait 106.373 prêts d'argent, dont 47.941 constituant des avances personnelles à court terme, contre simple reçu, d'une valeur variant entre 12 fr. 50 et 500 fr. Elle admet également les prêts hypothécaires et elle en a opéré 58.432, dont 45.267 d'une valeur variant entre 260 et 1.300 fr.

Elle prête, en moyenne, à 8 0/0 d'intérêt, ce qui est un avantage énorme pour les petits cultivateurs qui ne trouvaient, jadis, à emprunter aux usuriers qu'à 20 ou 30 0/0.

L'année dernière le capital social de la *Banque Agricole* a été porté de 2.500.000 à 3.740.000 livres sterling, et elle a été autorisée à élever son capital-obligations de 2.500.000 à 6.570.000 liv. st. Pour faciliter l'émission des nouvelles obligations le gouvernement a accepté, en avril 1906, de se rendre directement responsable du service de leur intérêt et de leur amortissement, et 1.750.000 livres sterling — en capital nominal — d'obligations, ainsi libellées, furent émises le 2 mai dernier.

Le recouvrement des intérêts et des avances remboursables s'effectue avec une extrême régularité ; pour l'année 1904, l'arriéré n'a été que de 27.718 liv. ég., sur lesquelles un tiers environ était rentré à la fin de janvier 1905. Pour l'année

1905 la tardivité de la récolte a provoqué un plus gros arriéré : sur les échéances totales de 1 million 433.150 liv. ég., 94.633 liv. ég. restaient dues à la fin de décembre; mais il était déjà rentré 20.000 liv. ég. à la fin de janvier 1906.

Le succès et les bénéfices que la *Banque Agricole* a obtenus lui ont naturellement suscité de nombreuses concurrences, parmi lesquelles nous citerons notamment celle de la *Land Bank of Egypt* (Banque Foncière d'Egypte), constituée au commencement de 1905 au capital de 500.000 liv. st. et porté à 1 million de livres sterling par décision de l'assemblée générale du 4 novembre suivant. Indépendamment du capital-actions de 25 millions de francs, le conseil d'administration de la *Land Bank* a émis en juin 1895, par l'intermédiaire de la *Société Marseillaise*, l'une des maisons fondatrices de la Société, 50.000 obligations 3 1/2 0/0 à 470 fr., remboursables à 505 fr. en 75 ans. Une nouvelle émission de 90.000 obligations 4 0/0, amortissables en 75 ans à 500 francs a eu lieu le 8 octobre 1906.

La *Land Bank*, dont l'objet social est identique à celui de la *Banque Agricole*, a été fort bien accueillie en Egypte, à Paris et à Londres et ses actions de 5 liv. st. valent aujourd'hui 220 fr.

Le but que poursuivait le gouvernement égyptien relativement à la question du crédit agricole est aujourd'hui atteint; mais pénétré de cette vérité, que l'Egypte ne peut exister et prospérer que par son agriculture, il s'est également efforcé;

par d'autres moyens, d'en améliorer les conditions.

Après avoir aboli la corvée et apporté au régime des irrigations les grandes améliorations que nous avons déjà signalées, il a supprimé les droits de navigation sur le Nil et a notablement réduit les tarifs des chemins de fer : ce qui a permis le transport à bas prix des produits agricoles jusque sur les marchés les plus éloignés des lieux de production. Il a également supprimé les droits d'octroi dans toute l'Egypte et la taxe qui pesait sur les moutons et sur les chèvres ; il a sensiblement abaissé la taxe foncière et, pour rendre accessibles aux fellahs les terrains domaniaux vendus annuellement, on a divisé ces terrains en petites parcelles et adopté un système de paiement par annuités, dont le taux n'est pas beaucoup plus élevé que les simples loyers de fermage.

Cette politique persévérante a déjà donné les plus heureux résultats pour le pays et, pour le démontrer, il nous suffira de rappeler que l'exportation des produits égyptiens — qui sont, pour plus des neuf dixièmes, des produits agricoles — ne représentant que 12.816.000 liv. égyp. en 1895, s'est progressivement élevée jusqu'à 20.360.000 livres égyptiennes en 1905.

***

L'Egypte produit du blé, du coton, du sucre de canne, des fèves, du maïs, du doura ou sorgho, de l'orge, des lentilles, du riz, du vin, des dattes, du tabac, etc..., et à peu près tous les légumes et tous les fruits de l'Europe. Mais sa principale récolte d'exportation est celle du coton. En effet, sur les 20.360.000 liv. égyp. ou 529.200.000 fr. de produits exportés en 1905, le coton brut figure pour 15.806.000 liv. égyp. ou 410.800.000 fr. ; les céréales, légumes, farines, fruits, etc... pour 2.730.000 livres égyptiennes ou 71 millions de francs, et les sucres et denrées coloniales pour 629.600 liv. égyp. ou 16.400.000 fr.

Le coton était connu en Egypte depuis la plus haute antiquité, mais on n'en récoltait pas et c'est un des Français que Méhémet-Ali avait attachés à son gouvernement, M. Jumel, qui en introduisit la culture dans le Delta, après le creusement des premiers canaux d'irrigation.

La généralisation des arrosages permanents permet aujourd'hui de cultiver également le coton dans la Moyenne et la Haute Egypte et la production, qui n'était que d'environ 3 millions de kantars ou 13.500.000 quintaux métriques en 1880, dépasse maintenant 27 millions de quintaux.

La récolte se fait en deux fois : en septembre et en octobre. La première cueillette est celle qui donne le produit le plus abondant et de meilleure qualité ; à la seconde cueillette on n'obtient qu'un coton inférieur qui déprécierait la valeur de la première récolte s'il était mélangé avec elle.

Le coton avant de passer de brut à l'état manufacturé, subit diverses manipulations qui toutes ont pour but d'obtenir un produit à soies longues et aussi pur de corps étrangers, que cela est matériellement possible. Mais une des principales opérations, c'est la cueillette qui doit-être opérée de telle sorte que le contenu de chaque gousse soit séparé de son enveloppe sans emporter aucune parcelle de cette dernière. Dans le cas contraire, cette enveloppe, extrêmement friable, se brise et se mêle au coton d'où il n'est plus possible de l'enlever; quelle que soit sa qualité, le textile est alors déprécié.

Après chaque cueillette, le coton apporté aux usines d'égrenage est classé et emmagasiné suivant son espèce et sa qualité; lorsqu'il est sec, on le livre à l'égrenage.

Cette opération s'est longtemps faite à la main et un homme pouvait produire environ 5 kilogrammes de coton en laine par jour. Le rendement des premiers métiers à bras ne dépassèrent pas 10 kilogrammes par jour. Puis ces machines primitives furent successivement modifiées et améliorées par des inventeurs anglais et français et l'égrenage du coton égyptien se fait aujourd'hui dans des usines à vapeur de 30 à 50 métiers qui produisent environ 1.000 kantars de coton égrené par saison lorsqu'elles sont suffisamment alimentées en matière première. Après l'égrenage le coton est classé par qualité et emballé.

M. A. Chelu, à qui nous avons emprunté les

détails précédents, constatait, en 1890, que le rendement d'un feddan planté en coton qui était très élevé vers 1880 — alors que l'Egypte n'en produisait que 3 millions de kantars — avait graduellement diminué et s'était abaissé d'une manière à peu près générale sur toute l'étendue du Delta.

Ce phénomène, successivement attribué aux insectes parasites qui ravagent les champs cotonniers, comme le phylloxera et le mildew dévastent notre vignoble français, à l'épuisement du sol surmené par la culture intensive, à une dégénérescence des graines employées, à un excès d'arrosage etc..., semble s'être aggravé depuis 1890, car nous trouvons dans le dernier rapport de sir Vincent Corbett des renseignements assez inquiétants.

« La superficie cultivée en coton pendant la saison actuelle a été supérieure à celle de toutes les années précédentes, surtout dans la Haute Egypte. Les conditions climatériques, au début de la saison, ont été très favorables et la récolte promettait d'être extraordinairement abondante. Malheureusement, pendant les mois de septembre et d'octobre, l'invasion, dans la Haute Egypte surtout, du « ver de la capsule » a causé bien des dégâts. Les ravages occasionnés par ce fléau ont été plus grands cette année que précédemment, et bien plus désastreux que ceux produits par le « ver du coton », qui est cependant plus redouté. Au cours de la saison, la *Société Khédiviale d'Agriculture* a pu recueillir sur ce parasite des renseignements précieux, qu'on espère pouvoir utiliser pratiquement.

« Il y a lieu de remarquer que, tandis que la superficie cultivée en coton n'a fait que s'accroître pendant ces dernières années, le rendement total des récoltes n'a pas augmenté.

« Ici se pose une question qui mérite une attention toute spéciale, surtout si l'on tient compte du fait que la qualité, elle aussi, a laissé beaucoup à désirer.

« Il existe actuellement une tendance à affecter tous les deux ans les mêmes terrains à la culture du coton, au lieu de les utiliser une fois tous les trois ans, ainsi que cela se faisait auparavant. Les effets de ce système ne doivent pas être ignorés par les cultivateurs, et cela non seulement parce qu'il peut porter un préjudice à l'industrie cotonnière elle-même, ce qui est déjà une raison suffisante, mais aussi à cause des conséquences fâcheuses qui peuvent en résulter pour la productivité générale de la terre.

« La question de la qualité de la graine à employer est en relation directe avec la quantité de la récolte obtenue ; elle fait actuellement l'objet d'une étude approfondie de la part de la *Société Khédiviale d'Agriculture.* »

On a aussi accusé le fonctionnement des barrages d'Assouan et d'Assiout d'être l'une des causes du mal, mais nous avons vu, au deuxième chapitre, ce qu'il fallait penser de cette accusation. Lord Cromer, appréciant la gravité de la situation économique qu'une crise intense de la culture cotonnière créerait à l'Egypte, a longuement analysé, dans son dernier rapport, les diverses causes ci-dessus signalées et il croit que la plus importante est le surmenage des terres.

« Précédemment, dit-il, une saine méthode voulait que seulement un tiers de la surface d'une ferme fût planté chaque année en coton. On pratiquait ainsi un assolement triennal et le sol avait le temps de se remettre de l'épuisement causé par le coton. Maintenant, dans la plupart des cas, 50 0/0 et même 70 0/0 sont annuellement plantés en coton, réduisant l'assolement à deux ans et à moins. Il n'est pas d'engrais pouvant remédier à cela et il n'est pas de sol qui puisse y résister. Si cet usage continue, la détérioration du produit suivra infailliblement. »

Mais il est probable que, grâce aux efforts du ministère de l'Agriculture et à l'initiative de la *Société Khédiviale d'Agriculture*, le mal sera enrayé.

Déjà la question de la qualité des graines d'ensemencement a été résolue. Une grande surface de terrain appartenant aux domaines de l'Etat a été réservée pour la production d'une graine sélectionnée. On a ainsi obtenu 12.500 boisseaux de semence de qualité supérieure, qui ont été distribués à des agriculteurs choisis sur le volet et qui serviront à ensemencer, pendant la saison de 1906, environ 10.000 feddans. L'année prochaine, la récolte de ces 10.000 feddans fournira de la graine sélectionnée pour 100.000 feddans et toute la culture cotonnière égyptienne en sera pourvue à partir de 1908.

Quoi qu'il en soit, le tableau suivant, donnant les résultats de la culture cotonnière égyptienne pendant les dix dernières années, justifie, dans une large mesure, les appréhensions de lord Cromer et de sir Vincent Corbett :

Production Cotonnière égyptienne de l'année 1895-1896
à l'année 1904-1905

Années	Feddans cultivés	Production en kantars	Moyenne par feddan
1895-96.....	997.735	5.275.883	5.28
1896-97.....	1.050.749	5.879.750	5.69
1897-98.....	1.128.804	6.543.123	5.79
1898-99.....	1.121.261	5.589.314	4.98
1899-1900...	1.153.806	6.510.050	5.64
1900-01.....	1.230.320	5.427.338	4.41
1901-02.....	1.249.884	6.371.643	5.10
1902-03.....	1.275.680	5.838.000	4.57
1903-04.....	1.332.510	6.508.947	4.88
1904-05.....	1.436.708	6.351.879	4.41

En 1895, la valeur du coton exporté d'Egypte a été de 9.463 000 liv. égypt., soit un prix moyen d'environ 1,79 liv. égypt. par kantar produit. Si les mêmes prix avaient été payés aux producteurs égyptiens en 1905, la valeur de l'exportation cotonnière n'aurait pas dépassé 11.434.000 liv. égypt., tandis qu'elle s'est élevée en réalité à 15.800.000 liv. égypt. C'est donc la hausse du coton sur les marchés étrangers qui a procuré la différence de 4 millions 372.000 liv. égypt., ou 113.670.000 fr., et, en effet, nous constatons, avec nos propres mercuriales, que le prix moyen annuel du coton (Louisiane) sur le marché du Havre, qui était seulement de 46 fr. 13 par balle de 50 kilogs en 1894, s'est élevé à 58 fr. 55, 74 fr. 93 et 78 fr. 44, en 1902, 1903 et 1904.

Le coton d'Egypte, en raison de ses qualités intrinsèques, se vend toujours plus cher que celui de la Lousiane, mais son prix est quand même étroitement lié au prix général du marché universel et subit, en conséquence, toutes les fluctuations des cotons américains et asiatiques.

C'est, d'une part, le haut prix du coton, dont la moyenne annuelle s'est constamment élevée de 1898 à 1904, et, d'autre part, les grandes facilités de crédit procurées aux fellahs et propriétaires fonciers, qui ont poussé, à outrance, les agriculteurs égyptiens vers la culture intensive du coton. Cette tendance est doublement fâcheuse : 1° parce qu'elle fait dépendre la prospérité de l'Egypte d'un seul genre de produit d'exportation, ce qui est toujours dangereux pour un pays qui a une lourde dette extérieure; 2° parce qu'elle fait abandonner la culture des céréales et des autres produits agricoles que l'Egypte est obligée d'importer à grands frais de l'étranger.

En 1905, abstraction faite du coton et des cigarettes, l'Egypte a exporté pour 93 millions de francs de produits d'origine agricole : céréales, légumes secs et frais, animaux et produits alimentaires d'animaux, denrées coloniales, etc..., mais pendant la même année elle a importé pour 163 millions de francs de produits de même nature sur lesquels le blé, les farines, le maïs, l'orge, le riz, les fruits frais et secs... figurent à eux seuls pour 72.500.000 fr. et les animaux et produits alimentaires d'origine animale, pour plus de 30 millions de francs.

Pour un pays essentiellement agricole ce fait est assurément regrettable et lord Cromer a parfaitement raison de dire que si le prix du coton venait à baisser « ce ne serait pas, à de certains points de vue, un mal très grand pour l'Egypte ».

Après le coton les deux cultures égyptiennes qui offrent le plus d'intérêt pour les Européens sont le riz et la canne à sucre. La zone des rizières est située dans les terres basses et humides du littoral méditerranéen, autour des lacs de Menzaleh, de Bourlos et d'Edkou.

L'Egypte produit quatre qualités de riz dont les deux premières, le *Sultani* (Royal) et l'*Aïn el Bent* (œil de jeune fille), sont particulièrement estimées en Orient où on les préfère au riz indien dont le grain est cependant plus blanc et plus gros.

On sème le riz au mois d'avril et on le récolte en novembre. Les épis sont alors coupés et battus sur l'aire comme les autres céréales. L'administration des domaines de l'Etat possède aux environs de Damiette une superbe usine de décortication susceptible de décortiquer toute la production de la contrée.

La culture du riz est plus délicate que celle du coton et de la canne à sucre car elle subit plus que ces deux produits, l'influence de la température, l'excès ou le manque d'eau et les attaques des parasites qui détruisent quelquefois des champs entiers.

D'après M. A. Chelu — qu'il faut encore consulter aujourd'hui pour les productions agricoles égyptiennes tant les statistiques officielles font défaut — la culture du riz couvre une surface d'environ 150.000 feddans et son rendement brut annuel ne dépasse pas en moyenne 1.350.000 quintaux métriques. En 1905 l'Egypte en a exporté 137.900 quintaux, représentant une valeur de 3.730.000 francs, mais pendant la même année elle en a importé de l'étranger 408.000 quintaux valant 8.190.000 francs ; ce qui prouve, d'une manière indubitable, que la production indigène ne suffit pas à la consommation nationale.

Il en est de même pour le sucre dont les raffineries égyptiennes ont exporté 275.400 quintaux métriques en 1905, valant 9.775.000 francs, contre une importation étrangère de 394.000 quintaux, évaluée à 12.600.000 francs par l'administration des douanes égyptiennes.

« La canne à sucre, dit M. A. Chelu, n'a pas été trouvée à l'état sauvage dans le bassin du Nil égyptien. Mais bien qu'il soit difficile d'établir à quelle époque on doit faire remonter son importation, il est hors de doute que sa culture était pratiquée antérieurement au xiiie siècle de l'ère chrétienne. C'est vers cette époque que les procédés de fabrication, introduits des Indes dans l'Archipel grec, passèrent en Egypte, où ils se propagèrent rapidement. Toutefois, les plantations de cannes et l'industrie sucrière n'ont pris le développement considérable qu'elles ont atteint dans le Saïd que sous le règne d'Ismaïl. Avant lui, les fellahs ne possédaient qu'une variété de canne, petite et blanche, dite *baladi* ou du pays, dont ils tiraient un sirop épais qui, transformé par la cuisson, donnait une mélasse riche en sucre. De nos jours (1890) on cultive en Egypte deux sortes de cannes : celle de Bourbon et principalement celle de O'Taïti à rubans rouges. Celle-ci est l'objet d'importantes cultures dans la Haute-Egypte où la *Daïra-Sanieh* a fait installer de puissantes machines élévatoires pour suppléer à l'absence de canaux d'irrigation permanente... C'est sur le parcours du canal Ibrahimieh que les plantations de cannes sont exploitées sur la plus grande échelle. »

Ces renseignements sont encore exacts aujourd'hui, avec cette différence cependant que le domaine de la *Daïra-Sanieh* a changé de propriétaires dans les conditions que nous avons indiquées dans le chapitre de la Dette publique.

Sur les terres de la *Daïra-Sanieh,* qui produisent la presque totalité du sucre égyptien, les cannes se plantent tous les deux ans et donnent deux récoltes. La première a lieu neuf ou dix mois après la plantation des cannes et la deuxième se fait un an plus tard. Après les deux récoltes de canne on sème du blé, de l'orge ou des fèves pour laisser reposer le sol pendant deux années consécutives.

Le rendement moyen des deux récoltes est d'environ 500 kantars de cannes par feddan planté.

On admet que la culture de la canne à sucre occupe en Egypte de 70.000 à 75.000 feddans et que la production annuelle représente en moyenne 600.000 quintaux métriques de sucre brut, 150.000 quintaux de mélasse et 4.500 à 5.000 hectolitres d'alcool.

***

Les premières fabriques de sucre, vraiment dignes de ce nom, ont été installées en Egypte entre 1840 et 1845 par Méhémet-Ali, mais c'est à Ismaïl que revient l'honneur de l'installation des établissements de la *Daïra-Sanieh* dont nous avons raconté l'histoire financière dans un chapitre précédent.

« Les dix magnifiques établissements que possède actuellement la *Daïra* peuvent rivaliser avec les plus belles fabriques connues. Chacun comporte comme annexe une distillerie pour travailler les mélasses, lorsqu'il est avantageux de les transformer en alcool. Ces dix usines sont reliées entre elles par un réseau de voies ferrées pour le transport des cannes qui s'effectue par wagons et avec locomotives. Sauf trois, situées au delà d'Assiout, elles ont été édifiées à proximité du chemin de fer de la Haute-Egypte qui a, d'ailleurs, été créé à leur intention. »

Ces lignes, écrites depuis bientôt vingt ans, ont aujourd'hui de circonstance, car malgré les dé ses considérables de premier établissement auxquelles les usines de la *Daïra-Sanieh* ont donné lieu, et malgré les sacrifices permanents que le Trésor égyptien s'est imposé jusqu'en 1898 — date de la vente du domaine à la *Daïra Company* — pour les maintenir à la hauteur des découvertes et des nouvelles transformations de l'industrie saccharifère, on ne sait pas au juste, après la faillite retentissante de la *Société Générale des Sucreries et Raffinerie d'Egypte*, ce que ces usines vaudront dans l'avenir.

Dans son dernier rapport lord Cromer fait l'historique suivant de cette grave question :

Jusqu'en 1881, il n'y avait pas en Egypte de raffinerie de sucre. Les usines de la *Daïra Sanieh* écrasaient la canne et en extrayaient le sucre brut qui était consommé en cet état sur place ou expédié à l'étranger pour être raffiné.

En 1881, une raffinerie était établie à Hawamdieh par une Société anonyme appelée la *Société de la Raffinerie*, et, onze années plus tard, en 1892, il se formait une seconde entreprise, appelée la *Société des Sucreries de la Haute-Egypte*, qui installait à Cheikh Fadl une usine nouvelle. En 1897, les deux Compagnies fusionnent et prennent le titre de *Société Générale des Sucreries et Raffinerie d'Egypte*. Peu après, la nouvelle Société construisait la grande raffinerie de Nag-Hamadi. A cette époque, son industrie s'était accrue, et, à l'expression de la canne, joignait le raffinage du sucre brut.

Quand fut décidée la vente des propriétés de la *Daïra Sanieh*, la *Société Générale des Sucreries et Raffinerie d'Egypte* conçut le désir d'acquérir les usines de la

Daïra, aussi bien que le réseau de voies ferrées qui avait été établi pour transporter la canne à ces usines. Toutefois, faute d'argent, elle ne put donner suite à cette intention.

En 1902, un Syndicat financier se formait, sous le titre « *Daïra Sugar Corporation* », dans le but de permettre aux *Sucreries* de réaliser leur ambition, et leur avançait de l'argent à des conditions dont voici le résumé : La *Sugar Corporation* payait environ 900.000 livres sterling à la *Daïra Company* pour ses usines et son réseau (1), et avançait aux *Sucreries* près de 300.000 livres sterling pour améliorations à introduire, outre une somme de 315.000 liv. st. comme fonds de roulement. Les *Sucreries* s'engageaient, de leur côté, à payer à la *Corporation* 100.000 liv. st. par an pendant vingt-cinq ans, et à lui rembourser les 315.000 liv. st. à l'expiration de cette période.

En 1905, la *Société des Sucreries* s'engouffrait dans la faillite de MM. Henri Say et Cie, dont elle avait accepté des traites pour des sommes considérables. De ce qui a transpiré depuis, il appert en toute certitude que les *Sucreries* avaient pendant longtemps travaillé à perte, en ce qui regarde du moins la fabrication du sucre, et qu'en tout état de cause, leur insolvabilité devait finir tôt ou tard par se montrer au jour : elle n'avait pu être dissimulée que grâce à de vastes spéculations sur le marché des sucres.

Quant à la question de savoir si l'industrie sucrière égyptienne, réorganisée sur de nouvelles bases, offrira dans l'avenir des probabilités de rémunération suffisante ; lord Cromer n'a pas voulu l'examiner ;

---

(1) Ce réseau, comprenant 633 kilomètres de chemins de fer agricoles, a été racheté au mois d'août 1906 par le gouvernement égyptien et fait maintenant partie du réseau de l'État.

« Il est manifestement du devoir du gouvernement, en présence des grands intérêts nationaux en jeu — a-t-il ajouté — de prêter autant que possible son aide à l'effet d'empêcher la déchéance totale de cette précieuse industrie. Mais je ne suis nullement d'avis, d'autre part, qu'il serait de son devoir, ou même d'une bonne politique fiscale, d'adopter des mesures tendant à soutenir l'industrie sucrière à l'aide de moyens factices. »

C'est une déclaration de principe qui a une certaine gravité, car dans les quatre grands pays producteurs de l'Europe, c'est par des moyens fiscaux plus ou moins factices, que l'industrie sucrière a été développée pour le plus grand bien des consommateurs et des contribuables eux-mêmes.

La même question se posera pour l'Egypte où le sucre brut importé pour être raffiné n'est soumis à aucune taxe douanière, alors que le sucre raffiné (indigène ou étranger) consommé dans le pays supporte un droit d'accise. Ce régime place la production sucrière nationale dans un état d'infériorité notoire à l'égard de la concurrence étrangère et sous peine de voir la culture de la canne à sucre disparaître et de placer les consommateurs égyptiens dans l'obligation d'acheter leur sucre au dehors — ce qui constituerait une sortie supplémentaire d'or de 30 à 35 millions de francs par année — il faudra, malgré les principes, modifier le régime fiscal en vigueur et le mettre en harmonie avec les véritables intérêts du pays.

VIII

Le Commerce extérieur
La Balance commerciale de l'Égypte

Le commerce extérieur de l'Egypte, resté en quelque sorte stationnaire pendant la période décennale 1885-1895, a pris, à partir de cette dernière année, une extension des plus remarquables. En effet, le mouvement général des importations et des exportations réunies, qui s'était à peine relevé de 20.443.000 à 21.206.000 liv. égypt. entre 1885-1895, a progressivement monté jusqu'à 41.924.000 livres égyptiennes en 1905, chiffre le plus important que le commerce égyptien ait jamais atteint.

Le tableau suivant donne le détail de la progression suivie :

Commerce extérieur de l'Egypte de 1885 à 1905
(En milliers de livres égyptiennes)

Années	Importations	Exportations	Comm.ce total	Marchandis. réexp.	Numéraire or et argent	
					Import.	Export.
1885 ..	8.989	11.454	20.443	287	3.915	1.294
1890 ..	8.081	12.004	20.085	205	2.971	2.085
1895 ..	8.880	12.817	21.206	132	4.819	2 822
1900 ..	14.112	17.124	31.236	220	4.115	2.603
1901 ..	15.245	16.154	31.399	247	3.086	2.432
1902 ..	14.815	18.047	32.862	267	4.779	1.834
1903 ..	16.753	19.540	36.293	272	6.432	1.786
1904 ..	20.560	20.811	41.371	276	7.607	2.731
1905 ..	21.564	20.360	41.924	317	4.782	3 870

Traduit en francs, le commerce total égyptien représentait 530 millions en 1885 ; 550 millions en 1895, et 1.090 millions en 1905, soit une augmentation de 3.7 0/0 entre 1885 et 1895, et de 98 0/0 entre 1895 et 1905.

Pendant la première période décennale, les importations ont diminué de 600.000 liv. ég.; pendant la deuxième période elles ont augmenté de 13.175.000 liv. ég. ou 157 0/0. Quant aux exportations elles sont passées de 11.454.000 liv. ég. en 1885, à 12.817.000 en 1895, et 20.360.000 en 1905, constituant une augmentation de 11.9 0/0 pour la première période et de 58.8 0/0 pour la deuxième période 1895-1905.

Pour établir la balance commerciale exacte il faut ajouter aux exportations la valeur des marchandises réexportées. En procédant ainsi, on constate que la balance commerciale égyptienne, qui se soldait avec un excédent d'exportations de 2.752.000 liv. ég. en 1885, et de 4.560.000 en 1895, se traduit, au contraire, par un excédent d'importations de 887.000 liv. ég. en 1905.

Nous verrons plus loin la cause de cette modification, mais nous devons de suite indiquer sur quelles bases d'évaluation la statistique douanière égyptienne est établie :

En ce qui concerne les importations, leur valeur est déterminée par une commission d'experts qui en fixe le prix d'après les cours des pays d'origine en tenant compte des frais de transport et d'assurance. Toutes les marchandises importées de l'étranger paient un droit de douane *ad valorem* de 8 0/0, sauf la houille, les combustibles liquides, le charbon de bois, le bois de chauffage, les bois de construction, le pétrole, les animaux vivants ou morts destinés à l'alimentation, et les conserves de viandes, dont le tarif douanier a été réduit à 4 0/0 *ad valorem* depuis le 25 novembre 1905.

Quant aux exportations, qui se composent pour les neuf dixièmes de produits indigènes cotés à la Bourse d'Alexandrie, leur valeur est établie chaque mois sur les cours pratiqués, diminués de 10 0/0. Pour avoir la valeur réelle des exportations égyptiennes, il faut donc augmenter d'abord les chiffres de la statistique douanière de 11.1 0/0 ; mais, comme le prix de sortie du coton est fixé sur le *good fair brown*, qualité sensiblement inférieure à la moyenne de l'exportation cotonnière égyptienne : les spécialistes admettent qu'il convient d'ajouter aux 11.1 0/0 précédents une majoration d'environ 3.9 0/0, c'est-à-dire relever d'environ 15 0/0 les chiffres de la statistique douanière pour connaître la valeur réelle des exportations de l'Egypte sur l'étranger.

L'origine des importations et la destination des exportations sont respectivement déclarées par les importateurs et les exportateurs, et l'administration de la douane contrôle leurs déclarations. Le commerce de transit n'a qu'une importance très secondaire (793.676 liv. égypt. en 1905) et les neuf dixièmes de ce transit représentent la valeur de la houille importée à Port-Saïd et réexportée moyennant un droit de 1 0/0.

*_**

Les modifications survenues entre 1895 et 1905 dans les éléments du commerce extérieur de l'Egypte confirment, d'une manière rigoureuse, nos observations précédentes. C'est le développement de la culture du coton qui a enrichi ce pays et ce sont les exportations de ce précieux textile qui ont surtout permis à la population indigène d'augmenter ses achats à l'étranger dans les proportions indiquées par le tableau ci-après :

Importations égyptiennes en 1895, 1900 et 1905
(En livres égyptiennes)

Nature des marchandises	1895	1900	1905	Augment. entre 1905 et 1895
Animaux et prod. anim. (comest.).	340.844	652.252	1.179.115	838.271
Peaux et cuirs. .	140.323	206.858	308.257	167.934
Autres produits animaux.......	62.046	84.374	84.178	22.132
Céréales, farines, légumes, etc....	779.258	1.532.346	2.792.636	2.013.378
Drogues, produit· coloniaux, etc..	832.055	404.731	933.588	571.533
Spirit.,huiles,etc.	541.626	815.971	935.430	443.804
Chiffons, papier, livres, etc......	120.727	117.102	313.349	192.622
Bois, houille, charbon, etc....	1.073.868	2.093.069	2.678.804	1.604.936
Chaux, pierres à bâtir, verre, etc.	174.426	398.995	489.475	315.049
Matières color...	240.348	282.874	265.449	25.101
Produits chimiq.	188.259	276.530	457.196	268.937
Textiles.........	2.583.017	4.041.499	6.052.878	3.469.861
Métaux bruts et manufacturés ..	856.845	1.817.970	2.836.820	1.979.975
Tabac..........	510.822	577.203	687.387	176.565
Divers..........	415.469	750.596	1.499.514	1.084.045
Totaux....	8.889.933	14.112.370	21.564.076	13.174.143

Tous les articles du tableau précédent sont en augmentation, mais ceux qui tiennent la tête sont les textiles, — dans lesquels les tissus de coton figurent pour la moitié — les céréales, farines, légumes et fruits, les métaux bruts ou manufacturés. les bois de construction, houille et charbon, les animaux et produits animaux comestibles, les drogues, produits coloniaux et spiritueux.

Ce sont là des preuves indubitables que les Egyptiens s'habillent et se nourrissent mieux qu'il y a dix ans, et les 93 millions de francs de machines, métaux bruts ou manufacturés, bois de construction, houille, etc.... qu'ils ont importés en plus, entre 1895 et 1905, démontrent aussi que le pays est en plein développement économique.

Mais les marchandises de toute nature importées en Egypte en 1905 ont dépassé de 13 millions 174.000 liv. égypt., ou 342 millions de francs, celles de 1895. Soit une augmentation moyenne annuelle de plus de 26 francs par habitant, si on admet que la population égyptienne s'élève aujourd'hui à 13 millions d'individus.

La progression des exportations peut-elle justifier une pareille transformation du train de la vie indigène? Nous allons le voir :

Exportations égyptiennes en 1895, 1900 et 1905
(En livres égyptiennes)

Nature des marchandises	1895	1900	1905	Différence entre 1905 et 1895
Animaux et prod. anim. (comest.).	22.878	129.765	100.548	+ 77.670
Peaux et cuirs...	102.515	84.854	123.255	+ 25.740
Autres produits animaux.......	25.523	41.609	88.023	+ 63.400
Céréales, farines, légumes, etc....	2.272.963	2.615 450	2.730.469	+ 457.506
Drogues, produit' coloniaux, etc..	489.808	676.228	629.613	+ 139.805
Spirit., huiles, etc.	5.026	16.311	18.140	+ 13.114
Chiffons, papier, livres, etc......	16.573	15.689	13.990	— 2.583
Bois, houille, charbon, etc....	17.374	16.849	14.354	— 3.020
Chaux, pierres à bâtir, verre, etc.	1.168	1.515	2.397	+ 1.229
Matières color...	13.211	21.112	27.202	+ 13.991
Produits chimiq.	9.639	15.551	14.944	+ 5.305
Textiles : coton, laine, etc.......	9.531.974	13.104.865	15.931.345	+6.429.871
Métaux bruts et manufacturés ..	94.300	5.662	20.163	— 74.137
Tabac..........	»	»	554.372	+ 554.372
Divers	29.498	21.650	54.911	+ 25.413
Totaux....	12.632.450	16.766.610	20.359.626	+7.727.176

Ce sont les textiles qui ont donné la presque totalité de l'augmentation des exportations : 6 millions 429.371 liv. égypt. sur 7.727.176 et, dans ce chiffre, le coton en balles figure à lui seul pour 6.342.942 liv. égypt.

En effet, l'Egypte a vendu en 1905 15.806.440 liv. égyptiennes (410 millions de francs) de coton à l'étranger, contre seulement 9.463.498 liv. égypt. (245 millions de francs) en 1895.

Il n'y a donc pas de doute possible : c'est bien au développement de la culture cotonnière que l'Egypte doit sa grande prospérité actuelle et il est regrettable que les agriculteurs égyptiens n'aient pas utilisé les merveilleux éléments qui ont été mis à leur disposition, depuis une dizaine d'années, pour développer également les autres branches de la production agricole indigène. Le pays aurait ainsi économisé une partie des sommes considérables qu'il paye chaque année à l'étranger pour son alimentation et l'ancien excédent de ses exportations sur les importations se serait maintenu.

***

C'est naturellement l'Angleterre, avec ses possessions, qui est, de beaucoup, le meilleur client de l'Egypte. Sur le mouvement commercial de 41.924.000 liv. égypt. constaté en 1905, les importations d'origine britannique et les exportations à destination de l'Angleterre et de ses possessions, représentent 18.947.000 liv. égypt. ou 45,2 0/0 du commerce extérieur total. La France et l'Algérie viennent après avec 3.975.000 liv. égypt.; puis la Turquie : 3.500.000 liv. égypt.; l'Allemagne : 2.686.000 liv. égypt.; l'Autriche-Hongrie : 2 millions 484.000 liv. égypt.; la Russie : 1.784.000 liv. égyptiennes ; l'Amérique : 1.746.000 liv. égypt., etc.

Le tableau suivant va nous indiquer la part qui revient à chaque pays pour les importations et les exportations et les différences survenues entre 1895 et 1905 :

Le Commerce extérieur égyptien :
Importations et Exportations par pays d'origine et de destination

(En milliers de livres égyptiennes)

Pays	Importations			Exportations		
	1895	1905	Différ.	1895	1905	Différ.
Gr.-Bretagne et posses. britan.	3.266	8.042	+ 4.776	7.413	10.905	+ 3.492
Allemagne......	216	949	+ 733	395	1.737	+ 1.342
Autr.-Hongrie .	635	1.493	+ 858	528	991	+ 463
Belgique	340	828	+ 488	46	112	+ 66
France et Algér.	958	2.276	+ 1.318	1.038	1.699	+ 661
Grèce	58	281	+ 223	9	13	+ 4
Italie..........	303	1.134	+ 831	438	629	+ 191
Russie	361	741	+ 380	1.253	1.043	— 210
Turquie........	1.673	3.078	+ 1.405	344	424	+ 80
Amérique	46	488	+ 442	469	1.258	+ 789
Autres pays....	534	2.254	+ 1.720	699	1.549	+ 850
	8.390	21.564	+13 174	12.682	20.360	+ 7.728

C'est en Angleterre et dans les possessions britanniques que l'Egypte envoie la plus grande quantité de produits. En 1905, leur valeur a atteint la somme de 10.905.000 livres égyptiennes, contre 7.413.000 livres égyptiennes en 1895; mais il faut observer qu'en 1895 les achats de l'Angleterre et de ses colonies représentaient 58,7 0/0 des exportations totales de l'Egypte, tandis qu'en 1905 cette proportion est tombée à 53,5 0/0.

Le pays qui a le plus augmenté ses demandes entre 1895 et 1905, c'est l'Allemagne, dont les achats sont passés de 895.000 liv. égypt. ou 3,1 0/0 à 1.737.000 liv. égypt. ou 8,5 0/0. La France et l'Algérie réunies ont progressé de 1.038.000 livres égyptiennes à 1.699.000 liv. égypt., améliorant leur proportion, dans l'ensemble des exportations, de 8,2 0/0 à 8,3 0/0 ; mais là Russie a rétrogradé de 1.253.000 liv. égypt. à 1.043.000 liv. égypt. et sa proportion d'ensemble a elle-même baissé de 9,9 0/0 à 5,1 0/0.

La Russie est, d'ailleurs, le seul pays dont la valeur des achats en Egypte ait reculé entre 1895 et 1905 ; et, après l'Allemagne, c'est l'Amérique qui a le plus fortement élevé sa proportion.

En ce qui concerne les importations, c'est-à-dire les marchandises vendues à l'Egypte par l'étranger, c'est toujours l'Angleterre et ses possessions qui tiennent la tête, avec 8.042.000 liv. égypt. en 1905, contre 3.266.000 liv. égypt. en 1895 ; après elles viennent la Turquie : 3.078.000, contre 1.673.000 ; puis la France : 2.276.000, contre 958.000 ; puis l'Autriche-Hongrie : 1.493.000, contre 635.000 ; puis l'Italie : 1.134.000, contre 303.000. L'Allemagne n'arrive qu'au sixième rang avec 949.000 liv. égypt., contre 216.000 en 1895.

Mais il faut observer que c'est l'Allemagne et l'Italie qui, pendant cette période décennale, ont le plus sérieusement augmenté leur position dans l'ensemble des marchandises étrangères importées en Egypte, car entre 1895 et 1905 leurs proportions respectives sont passées de 2.6 0/0 à 4.4 0/0 et de 3.6 0/0 à 5.3 0/0, alors que celle de l'Angleterre et des possessions britanniques est tombée de 38.9 0/0 à 37.3 0/0 ; celle de la Turquie de 19.9 0/0 à 14.3 0/0 ; celle de la France de 11.4 0/0 à 10.6 0/0 ; celle de l'Autriche-Hongrie de 7.6 0/0 à 6.9 0/0, etc...

Il est donc inexact d'affirmer, comme on le fait quelquefois, que l'Angleterre, grâce à la situation politique privilégiée qu'elle occupe en Egypte, accapare, pour elle et ses colonies, le commerce extérieur égyptien. Elle subit dans la vallée du Nil, comme dans tous les pays exotiques où elle avait jadis la maîtrise du marché intérieur, la concurrence des nouveaux pays industriels ; et pour prouver que cette concurrence a déjà pris une certaine importance, il nous suffira de rappeler que sur l'ensemble des marchandises étrangères importées en Egypte, la proportion des produits d'origine britannique s'est successivement abaissée de 44.3 0/0 en 1885, à 38.9 0/0 en 1895 et à 37.3 0/0 en 1905.

Nous avons vu que le principal produit de l'exportation égyptienne est le coton. Sur un total de 15.961.345 liv. ég. exporté en 1905 : 7.982.312 liv. ég. — plus de la moitié — sont allées en Angleterre ; 1.392.873 liv. ég. en France ; 1.350.809 en Allemagne ; 1.212.258 en Amérique ; 1.011.226 en Russie ; 771.148 en Autriche-Hongrie ; 762.490 en Suisse ; 596.345 en Italie, etc...

Pour les importations, ce sont les tissus et surtout les tissus de coton qui tiennent la tête et c'est l'Angleterre et ses possessions qui en fournissent le plus à l'Egypte : 3.837.867 liv. ég. sur un total de 6.052.878 liv. ég. Après viennent l'Autriche-Hongrie, 558.411 ; la France, 451.611 ; l'Italie, 419.848 ; l'Allemagne, 246.215, etc. Sur les 2 millions 836.820 liv. égyp. de machines, métaux bruts ou manufacturés qu'elle a importées en 1905, l'Egypte en a demandé 1.490.302 à l'Angleterre ; 508.851 à la Belgique ; 322.907 à l'Allemagne ; 284.604 à la France, etc... Pour les céréales, farines, légumes, fruits secs, etc. (2.792.637 liv. ég. en 1905), la Turquie lui en a expédié pour 848 mille 981 liv. ég. et la France pour 715.348, dont 620.283 liv. ég. de farines de blé provenant des minoteries de Marseille.

En résumé, la France a considérablement profité de la transformation économique de l'Egypte, puisque la valeur des marchandises de toute nature qu'elle vend chaque année à ce pays s'est progressivement élevée de 24.800.000 francs en 1895 à 59.170.000 francs en 1905, soit une augmentation totale de 34.370.000 francs ou 139 0/0. Sur ce total de 59.170.000 francs, les farines, céréales, légumes, fruits, etc.... figurent pour 18.590.000 francs ; les tissus de coton, de laine et de soie pour 11.752.000 francs ; les machines, fers et ouvrages en métal pour 7.384.000 francs ; les vins et spiritueux pour 4.656.000 francs ; etc...

La valeur totale des exportations françaises à l'étranger était de 3.374 millions de francs en 1895. Si, pendant la période 1895-1905, tous les pays avaient augmenté leurs achats sur notre marché dans la même proportion que l'Egypte, notre commerce d'exportation aurait atteint 8.047 millions de francs en 1905, au lieu des 4.763 millions de francs que notre statistique douanière a enregistrés.

***

Pour établir la véritable balance commerciale de l'Egypte — en supposant, bien entendu, la statistique douanière approximativement exacte, et cela parait être le cas de ce pays, — il faut ajouter la valeur des marchandises réexportées à celle des exportations proprement dites, relever ce total des 15 0/0 dont nous avons parlé au commencement de ce chapitre et en retrancher la valeur des importations qui est calculée, nous le savons déjà, d'après les cours des pays d'origine augmentés des frais de transport et d'assurance.

En procédant ainsi, nous trouvons pour les dix dernières années les résultats suivants :

Balance commerciale de l'Egypte
(En milliers de livres égyptiennes)

| Années | Importations — Valeur des marchandises | Exportations | | | Excédent des exportations |
		Marchandises exportées ou réexportées	Majoration de 15 %	Valeur totale	
1896....	9.829	13.637	2.045	15.682	5.853
1897....	10.604	12.762	1.914	14.676	4.072
1898....	11.033	12.318	1.848	14.166	3.133
1899....	11.441	15.892	2.384	18.276	6.835
1900....	14.112	17.353	2.603	19.956	5.844
1901....	15.245	16.401	2.460	18.861	3.616
1902....	14.815	18.314	2.747	21.061	6.426
1903....	16.753	19.812	2.972	22.784	6.031
1904....	20.560	21.087	3.163	24.250	3.690
1905....	21.564	20.678	3.102	23.780	2.216
Totaux	145.956	168.254	25.238	193.492	47.536

Par conséquent, si l'Egypte, en dehors de son commerce extérieur proprement dit, n'avait eu, de 1896 à 1905, aucune autre somme à recevoir ou à payer à l'étranger, elle aurait encaissé, par la seule différence de ses exportations commerciales sur ses importations de même nature, un excédent net de 47.536.000 liv. égypt., soit environ 1.232 millions de francs, représentant un solde créditeur moyen annuel de 4.753.600 liv. égypt. ou 123.230.000 francs.

Mais il ne faut pas oublier que la balance commerciale d'un pays quelconque n'est qu'un des facteurs de la balance générale de ses règlements d'ordre extérieur et que cette balance générale est en quelque sorte impossible à dresser avec précision, eu égard aux éléments qu'elle embrasse et dont le plus grand nombre échappe à toute statistique.

Nous nous sommes trop longuement expliqué sur ce point dans nos études économique et financière de l'Espagne, du Brésil, de la Roumanie, de la Bulgarie, de l'Italie, de la Grèce, etc..., pour qu'il soit nécessaire d'y revenir ici. En ce qui concerne l'Egypte, nous savons, par la statistique douanière, que la balance commerciale lui a laissé un excédent créditeur d'environ 2.216.000 livres égyptiennes en 1905 et que la moyenne annuelle des dix dernières années a été de 4.753.600 livres égyptiennes.

Nous savons également que l'excédent des importations de numéraire or et argent, sur les exportations de même nature, qui n'avait été que de 253.736 liv. égypt. pendant la période quinquennale 1886-1890, s'est successivement élevé à 4.684.847 liv. égypt. pour la période 1891-1895 ; à 7.810.365 liv. égypt. pour la période 1896-1900 et à 14.032.201 liv. égypt. pour la dernière période de 1901-1905. Mais on ne peut tenir compte de cet élément d'actif (bien qu'il ait augmenté le numéraire égyptien de 567 millions de francs en dix années), parce que nous ignorons dans quelle proportion les capitaux empruntés à l'étranger, soit pour les nouvelles affaires égyptiennes, soit pour le développement des opérations des banques locales, entrent finalement dans cette somme.

La très intéressante étude que lord Cromer a demandée à M. Roussin, et qu'il a annexée à son rapport de 1905, nous indique que la *Compagnie de Suez* dépense chaque année environ 420.000 livres égyptiennes en Egypte ; que le monnayage de l'argent a laissé, pendant les trois dernières années, un profit de 140.000 liv. égypt. ; que les touristes apportent dans le pays au minimum 1 million de livres égytiennes tous les ans; que les navires étrangers dépensent environ 500.000 livres égyptiennes dans les ports de l'Egypte ; que les bénéfices des spéculateurs égyptiens sur les marchés étrangers ont, d'après la croyance générale, très certainement dépassé pendant ces dernières années les pertes de même nature ; que les dépenses que l'Angleterre s'impose pour l'armée d'occupation lui coûtent annuellement environ 310.000 livres égyptiennes, etc.

Mais en regard de ces éléments de recettes étrangères, il faut mettre en ligne les dépenses du gouvernement égyptien pour la Dette extérieure, que M. Roussin estime en moyenne à 5.114.000 livres égyptiennes pour la période 1896-1902 et à 6.500.000 liv. égypt. pour la période 1903-1905: cette augmentation ayant pour cause accidentelle le remboursement intégral de l'emprunt de la *Daïra-Sanieh* survenue en octobre 1905. Il rappelle également qu'on doit ajouter au passif de l'Egypte les intérêts et les profits des capitaux étrangers placés dans le pays ; les frais de passage et de voyage à l'étranger des habitants de l'Egypte, etc... et sans chercher à fixer l'ensemble des recettes et des dépenses d'ordre extérieur par des chiffres précis, il arrive à cette conclusion :

« Il ne faut pas perdre de vue que l'Egypte est une contrée débitrice et qu'elle demeurera telle pendant des générations à venir. Les pays débiteurs sont obligés de payer, sous forme d'exportations, le tribut de l'intérêt dû à leurs créanciers ; et quoique ce mouvement puisse demeurer caché durant la période d'emprunt, il réapparaîtra dans toute sa force quand cette période prendra fin. Il est donc à présumer que les chiffres de la balance commerciale exposés précédemment, ne continueront point leur mouvement ascensionnel, mais tendront, au contraire, à incliner vers le niveau normal. Maintenant, la question de savoir si l'équilibre sera rétabli par une augmentation des exportations ou une diminution des importations,

est une question que le temps seul pourra tran-
cher. »

Et lord Cromer ajoute, de son côté, que « dans
l'intérêt de l'Egypte c'est la première de ces deux
alternatives, et non la deuxième, qui serait à
souhaiter. »

Nous croyons très sincèrement que l'exportation
cotonnière égyptienne pourra augmenter, grâce à
l'exécution graduelle du programme de travaux
publics dont nous avons exposé les grandes lignes,
mais nous pensons aussi que la balance des
règlements extérieurs de l'Egypte s'améliorerait
considérablement si, indépendamment de la production du coton, qui doit rester le grand article
d'exportation, les agriculteurs égyptiens parve-
naient à affranchir leur pays de l'énorme tribut
alimentaire qu'il règle chaque année à l'étranger.

IX

Les Sociétés anonymes. — Le Marché financier. — Les Banques. — La Circulation monétaire de l'Egypte.

La statistique officielle égyptienne nous indique que les excédents des exportations sur les importations commerciales, qui avaient donné un total de 25.737.000 liv. égypt. pour les cinq années 1896-1900, se sont abaissés à 21.799.000 liv. égypt. de 1901 à 1905. Mais pendant la période 1896-1900 le service de la dette égyptienne, placée en presque totalité à l'étranger, a coûté 26.600.000 liv. égypt. au Trésor égyptien, et ce service a même atteint la somme de 28.700.000 liv. égypt. pour la période 1901-1905 par suite du remboursement de l'emprunt de la *Daïra-Sanieh* en octobre 1905. Il résulte de ces chiffres que si l'Egypte n'avait, indépendamment de son commerce extérieur, reçu, sous diverses formes, des capitaux de l'étranger : son stock d'or se serait amoindri de 863.000 livres égyptiennes pendant la première période, et de 6.901.000 liv. égypt. pendant la dernière.

Au lieu de cette diminution, la même statistique officielle établit que le mouvement du numéraire or et argent a présenté un excédent d'importations sur les exportations de 7.810.000 liv. égypt. pour la période 1896-1900 et de 14.032.000 liv. égypt. pour la dernière période.

Il faut donc en conclure que l'étranger, en dehors de ses achats commerciaux proprement dits, a envoyé des capitaux considérables en Egypte, surtout pendant la période 1901-1905, et qu'il a contribué, par cela même, au merveilleux développement économique et financier constaté au cours de ces cinq dernières années.

Nous trouvons une preuve de ce fait dans la très intéressante étude sur les nouvelles Sociétés anonymes égyptiennes, publiée dans la *Revue Internationale d'Egypte*, de janvier 1906, par M. Ed. Papasian.

D'après ce savant statisticien, le capital nominal des Sociétés anonymes créées en Egypte et les augmentations de capital des anciennes Sociétés, ont été exactement de 18.250.000 liv. st. (456 millions de francs, entre 1901 et 1905, alors que de 1856 à 1900 — soit pendant une période de 45 années — les capitaux engagés dans toutes les Sociétés anonymes égyptiennes n'avaient pas dépassé la somme nominale de 16.607.200 liv. st.

Sociétés anonymes créées en Egypte et augmentation de capital social des dites Sociétés de 1856 à 1905 inclusivement :

Périodes	Nombre d'années	Capital nominal des créations et augment.	Moyennes annuelles	
			Liv. st.	Francs
		Liv. st.		
1856-1880	25	3.512.200	140.440	3.511.000
1881-1890	10	2.727.600	272.750	6.819.500
1891-1900	10	10.367.500	1.036.750	25.918.750
1901-1905	5	18.250.000	3.650.000	91.250.000
Totaux et moyennes génér.	50	34.857.200	697.144	17.428.600

Jusqu'en 1895, le capital social des Sociétés anonymes égyptiennes resta peu important. En 1898, la *Banque Nationale d'Egypte* (National Bank of Egypt) fut fondée au capital de 1 million de livres sterling, successivement porté à 1.500.000 liv. st. en 1899, à 2 millions en 1903, à 2.500.000 en 1904 et à 3 millions de livres sterling (75 millions de francs) en 1905. Le succès de cet établissement provoqua la création d'une foule d'autres Sociétés de crédit, de même que la hausse formidable dont la propriété agricole bénéficia, après la construction des barrages d'Assouan et d'Assiout, fit naître une quantité de sociétés foncières et hypothécaires : Or, il est curieux de constater la progression que ces diverses entreprises ont suivie depuis 1901.

Sociétés anonymes créées en Egypte et augmentation de capital des Sociétés anciennes de 1901 à 1905

Années	Nombre des Sociétés nouvelles	Capital nominal nouveau	Nombre des augmentations de capital	Capital nominal des augmentations	Capital total émis
		Liv. st.		Liv. st.	Liv. st.
1901....	3	602.500	2	49.000	651.500
1902....	3	1.328.000	2	520.000	1.848.000
1903....	17	1.675.000	2	600.000	2.275.000
1904....	17	2.372.000	6	871.000	3.243.000
1905....	30	6.845.500	10	3.387.000	10.232.500
Total.	70	12.823.000	22	5.427.000	18.250.000

Pendant la seule année 1905, il a été donc fondé en Egypte 30 nouvelles Sociétés anonymes, ayant un capital nominal de 6.845.500 liv. st., soit un capital social moyen de 228.183 liv. st. ou 5.704.580 fr. par entreprise. Enfin, 10 anciennes Sociétés ont augmenté leur capital social de 338.700 liv. st. en moyenne, ce qui constitue, pour les deux rubriques, un nouveau capital nominal de 255.800.000 francs.

C'est beaucoup pour une seule année, d'autant plus que les titres de ces diverses Sociétés ont été fortement majorés dès leur apparition sur les marchés d'Alexandrie et du Caire et que, en dehors des entreprises égyptiennes proprement dites et autorisées par décrets du Khédive, il s'est créé en Angleterre, en France et en Belgique des Sociétés importantes de diverse nature, ayant l'Egypte pour objectif, et dont les capitaux sont venus s'employer dans la vallée du Nil, en concurrence avec les capitaux des Sociétés indigènes.

La liste des seules émissions égyptiennes pour l'année 1905 mérite d'être reproduite :

Emissions effectuées en Egypte pendant l'année 1905 :

	Liv. sterl.
1° *Sociétés foncières, agricoles et minières :*	—
Egyptian Improvement Corporation	100.000
Egyptian Options, Limited	50.000
Société Foncière des Domaines Cheik Fadl	600.000
Egyptian Proprietary, Limited	10.000
North Egypt Land Company, Limited	230.000
Société Égyptienne d'Entreprises Urbaines et Rurales	300.000
Union Foncière d'Egypte	500.000
Egyptian Estates, Limited	250.000
— Land Investment Company	103.000
— Investment and Agency, Limited	200.000
— Land and General Trust, Limited	200.000
— Trust and Investment, Limited	200.000
— Development Syndicate, Limited	25.000
Anglo-Egyptian Land Allotment	514.000
Société Agricole du Nil	120.000
Building Land of Egypt	150.000
The Garbieh Land Company	405.000

	Liv. sterl.

2° Sociétés industrielles et diverses :

Bourse Khédiviale du Caire..........................	1.000
Associated Cotton Ginners of Egypt, Limited....	860.000
Société des Omnibus (Bateaux)....................	10.500
Delta and Upper Egypt Navigation Company....	42.000
Société Anonyme de Fabrication de Cigarettes Egyptiennes..	25.000

3° Sociétés immobilières :

Alexandria Central Buildings Company..........	100.000
Upper Egypt Hotels Company....................	225.000
The Splendid Hotel of Egypt....................	95.000
National Hotel Residence Company..............	205.000

4° Sociétés de Crédit :

Land Bank of Egypt.............................	1.000.000
Banque d'Abyssinie.............................	125.000
Crédit Franco-Egyptien.........................	500.000
Comptoir Financier et Commercial..............	200.000
Total pour les nouvelles Sociétés.......	6.845.500

• *Augmentation de Capital* de la Société Anonyme du Béhéra, du Crédit Foncier Egyptien, Cassa di Sconto, Delta Light Railways, National Bank of Egypt, Société Anonyme de Commerce, Port-Saïd Salt, Agricultural Bank, Société Anonyme Egyptienne d'Electricité, Wardan Estates, soit un total de............ **3.387.000**

Total général............ **10.232.500**

« Toutes ces nouvelles Sociétés — dit M. Ed. Papasian, à qui nous empruntons la liste et les chiffres précédents, — représentées par des capitaux étrangers et égyptiens, ont facilement trouvé un emploi de leurs fonds dans les diverses entreprises essentiellement locales que la prospérité toujours croissante de l'Egypte leur permettait d'entreprendre dans des conditions avantageuses.

« Il est vrai que le public a répondu avec trop

d'empressement à ces demandes continuelles de capitaux, sans même avoir pris connaissance des statuts de ces Sociétés, de leur objet, de la part attribuée aux fondateurs dans les bénéfices éventuels, etc.... Mais il est heureux de constater qu'à part quelques rares exceptions, toutes ces nouvelles entreprises sont assurées d'un avenir brillant, et bon nombre ont même à leur actif des résultats inespérés. Exemple : Compagnie Immobilière d'Egypte, les Estates, la Société des Entreprises Urbaines et Rurales, le Comptoir financier et Commercial, etc.

« Il est seulement regrettable que la spéculation, avant même de connaître le résultat des émissions publiques, et escomptant trop l'avenir, ait poussé à des prix injustifiés le cours des actions d'une partie de ces nouvelles Sociétés, en occasionnant ainsi, par la réaction inévitable qui s'en est suivie, des pertes très sérieuses à la place. »

Dans le dernier rapport de M. Maurice Campana, gérant du consulat de France à Alexandrie, nous trouvons l'observation suivante :

Parmi les Sociétés dont l'Egypte a été envahie récemment, beaucoup d'entreprises ont uniformément le programme suivant : l'achat et la vente, la prise à bail, la mise en valeur, l'exploitation de tous terrains ou immeubles urbains et ruraux.

En réalité, il s'agit moins d'exploitation et de mise en valeur que de spéculation, l'achat et la revente étant le principal objectif de beaucoup de ces Sociétés.

Il ne s'agit donc que de créations éphémères qui n'ont aucun des caractères des entreprises durables et à rendement fixe. Elles donneront plus ou moins de résultat selon le degré de savoir-faire et l'intégrité des personnes qui sont à la tête de ces Sociétés. Quelques-unes survivront peut-être, d'autres sont condamnées à l'oubli, sinon à la déconfiture. Il y a lieu, cependant, d'être optimiste jusqu'à un certain point en considérant combien la richesse naturelle et les ressources du pays ont favorisé parfois les entreprises les plus hardies.

Enfin lord Cromer, qui suit attentivement toutes les phases de la transformation économique et financière de l'Egypte, a dit dans son rapport de 1906 :

« Je tiens à répéter l'avertissement que j'ai donné l'année dernière, savoir que lorsqu'on dit que la formation d'une Société égyptienne a été sanctionnée par le gouvernement égyptien, ceci signifie simplement que la Société s'est conformée à de certaines conditions exigées par le gouvernement pour l'obtention de la sanction. Cela n'a pas d'autre signification, et ne veut dire en aucune façon que le gouvernement approuve ou désapprouve l'entreprise spéciale à laquelle se livre la Société, considérée dans ses mérites propres. En parlant ainsi, je n'ai point l'intention de décourager les indigènes dans leurs placements. Quelques-uns des projets qu'on leur présentera seront sans doute établis sur des principes absolument sains et pourront devenir rémunérateurs. D'autres, à leur tour, seront d'un caractère plus spéculatif et plus douteux. Le gouvernement n'entreprend pas la tâche de distinguer entre ces deux catégories de placements ; ses fonctions se bornent à poser certaines conditions que l'expérience d'autres nations a montré comme étant de nature à protéger les intérêts des actionnaires. Ces derniers doivent donc décider pour eux-mêmes, et j'ajouterai que l'expérience d'autres pays a montré également qu'il n'est pas de mesures législatives ou administratives qui puissent protéger efficacement l'acheteur imprudent. Les Égyptiens feront donc bien de ne pas se laisser aller à cet extrême de méfiance exagérée à l'égard de tous projets sans distinction qu'on pourra leur présenter, ni à cet autre extrême d'accepter trop précipitamment comme exacts tous faits et avis contenus dans un prospectus. Qu'ils adoptent le système moyen qui consiste à examiner par eux-mêmes et en s'aidant de l'avis d'amis compétents, les mérites de chaque projet en particulier, qu'il soit lancé par des Européens ou des compatriotes. »

Ces diverses observations prouvent, évidemment, que l'engouement dont toutes les nouvelles affaires égyptiennes ont été l'objet a produit quelques abus. Pour y remédier dans la mesure du possible, le gouvernement, par un décret khédivial en date du 3 juin 1906, a modifié les articles 10 et 11 du décret du 17 avril 1899, relatif à la réglementation des Sociétés anonymes en Egypte.

Aux termes du nouveau régime (*article 10*), il ne peut être créé de parts de fondateurs que par l'acte constitutif de la Société et uniquement pour rémunérer l'apport d'un brevet ou d'une concession gouvernementale, dont il est impossible d'évaluer pécuniairement l'importance. Les parts de fondateurs ne confèrent à leurs possesseurs aucun droit de vote dans les assemblées générales. Les parts de fondateurs n'auront droit à une quotité des bénéfices que quand les actions de capital auront touché au moins 5 0/0. La quotité qui pourra leur être allouée par les statuts ne peut pas dépasser la moitié de cet excédent.

Lors de la dissolution de la Société, et après remboursement au pair des actions de capital, le solde de l'actif social sera réparti dans les mêmes proportions entre les actions et les parts de fondateurs. Toutes les dispositions relatives aux parts de fondateurs sont applicables aux actions dites de dividende.

De même (*article 11*) les apports en nature ne peuvent être représentés que par des actions libérées en totalité. Les actions libérées, ainsi que les parts de fondateurs, ne peuvent être détachées de la souche et ne sont négociables que deux ans après la constitution de la Société. Pendant ce temps, elles devront, à la diligence des administrateurs, être frappées d'un timbre indiquant leur nature et la date de cette constitution.

Toute convention par laquelle une Société acquiert, pour une somme excédant le dixième de son capital, des établissements existants ou à construire, des immeubles, des concessions ou des brevets, doit être approuvée par une assemblée générale statuant dans les formes requises pour les modifications aux statuts, si l'acquisition est faite dans les deux ans qui suivent la constitution de la Société. Les statuts doivent mentionner d'une façon précise les apports effectués, le nom des apporteurs et le nombre d'actions qui leur sont attribuées. Si le capital social est en tout ou en partie souscrit par bulletins séparés, ceux-ci devront, toutes les fois qu'il y a des apports, contenir les mêmes mentions que ci-dessus.

Ces stipulations montrent le genre des abus commis par certains fondateurs, peu scrupuleux, des nouvelles Sociétés anonymes égyptiennes; l'expérience que le public a pu acquérir et les nouvelles dispositions du règlement en vigueur permettent d'espérer que ces abus seront moins nombreux dans l'avenir.

L'Egypte possède, actuellement, deux marchés financiers : Alexandrie et le Caire, mais le plus important est incontestablement celui d'Alexandrie, où de très grandes affaires se traitent chaque jour.

Sur le fonctionnement de ces deux marchés, nous pouvons mettre à contribution le rapport de M. Maurice Campana, qui nous paraît très compétent en la matière :

La Bourse des valeurs à Alexandrie. — La Bourse des valeurs à Alexandrie, telle qu'elle est constituée aujourd'hui, ne date que de quelques années. Les courtiers indépendants qui la composaient auparavant n'étaient régis par aucun règlement et ne formaient pas une Association régulière. Seuls les usages de place servaient de base aux transactions. Depuis 1902 les courtiers, groupés, ont constitué l'Association des Courtiers en valeurs d'Alexandrie. Celle-ci a un comité qui intervient dans tout différend entre courtiers, entre clients et courtiers et élabore, journellement, une cote officielle qui est affichée à la Bourse. L'assemblée générale vote les nouvelles admissions de courtiers dans l'Association, ainsi que l'admission à la cote officielle des valeurs nouvelles introduites sur le marché. Néanmoins, certains titres sont traités en Bourse sans être portés sur la cote officielle.

Malgré beaucoup d'imperfections, l'état de choses actuel constitue un réel progrès sur le passé. Avec le temps cette Association arrivera à avoir un caractère officiel, comme l'Association des Courtiers en marchandises, sans que ni l'une ni l'autre ne jouissent d'une sanction gouvernementale ou d'un privilège quelconque. La commission internationale judiciaire, paraît-il, a pris en considération les diverses demandes formulées par les Chambres de commerce et il en serait question dans le projet de réformes actuellement à l'étude.

Les opérations se font généralement au comptant. On traite également à terme, mais sur une très petite échelle et quelques bonnes maisons s'en abstiennent même complètement. Ces opérations à terme qui se font d'ordinaire pour le 15 ou fin courant, se dénouent par un règlement au comptant, le report en Bourse avec un cours de compensation et un taux officiel ne se pratiquant pas en Egypte.

C'est donc les Banques établies sur place qui font les reports sous forme d'avances sur titres en compte courant, avec une marge variant entre 10 et 30 0/0 et un taux d'intérêt qui n'est ni inférieur à 5 0/0, ni supérieur à 7 0/0. C'est ce qui explique l'abondance des placements ici et peut-être aussi l'engouement qu'ont montré récemment certaines Banques à venir s'établir en Egypte.

Les engagements de la Bourse d'Alexandrie avec celle de Paris sont insignifiants, en ce qui concerne les valeurs égyptiennes et même les valeurs françaises et internationales de spéculation qui n'ont aucun attrait pour les Egyptiens, absorbés par leurs transactions en terrains, cotons et valeurs locales. Par contre, et à un point de vue plus général, les capitaux français, depuis quelques années, abstraction faite des fonds d'Etat égyptiens, dont la plus grande partie est en France, sont intéressés dans beaucoup d'affaires égyptiennes, et l'on peut dire que le plus grand nombre des actions et la totalité des obligations des Sociétés suivantes se trouvent entre les mains de porteurs français :

Société Générale des Sucreries et de la Raffinerie d'Egypte ; Crédit Foncier Egyptien ; Land Bank of Egypt et une certaine quantité d'actions et obligations de la *Compagnie des Eaux du Caire.*

On peut évaluer l'importance de ces placements à 300 millions environ, chiffre que l'on pourra porter jusqu'à 500 millions, au minimum, à la suite des émissions en cours du *Crédit Foncier Egyptien.*

Les capitaux belges, plus hardis, quoique existant dans des proportions bien moindres, se sont intéressés, dès la première heure, aux opérations en terrains, aux placements hypothécaires, ainsi qu'à des affaires industrielles dont quelques-unes sont aujourd'hui florissantes.

La Bourse des valeurs du Caire.—Le Caire possède également une Bourse, fonctionnant depuis quelques années seulement. A l'instar d'Alexandrie, les courtiers se sont réunis en corporation, avec un règlement plus sévère, un droit d'entrée de 200 livres, qui sera porté à 500, et une caisse sociale relativement importante, à laquelle tout nouveau courtier doit apporter une part proportionnelle.

Il se traite parfois, à la Bourse du Caire, des opérations très importantes, dont la contre-partie est généralement offerte par la Bourse d'Alexandrie. Il s'établit donc, petit à petit, des arbitrages journaliers entre les deux Bourses.

Les banques indigènes et étrangères ont joué, dans la récente évolution économique et financière de l'Egypte, un rôle en quelque sorte prépondérant. Pour le prouver, il nous suffira de dire que l'actif total des banques de dépôts purement égyptiennes — c'est-à-dire constituées par décret khédivial et ayant leur administration et leur siège d'opérations en Egypte — est passé de 10.585.000 livres sterling en 1901 à 26.424.000 en 1905 et que leur passif total a progressé, pendant la même période, de 7.456.000 à 19.604.000 liv. st. Leur capital social et leurs réserves se sont eux-mêmes élevés de 2.939.000 à 6.300.000 liv. st.

En ce qui concerne les actions, les obligations et les réserves des banques hypothécaires indigènes, leur montant atteint à la fin de 1905 : 29 millions 749.000 liv. st., contre 7.263.000 en 1901 : le total de leur passif 23.403.000 liv. st. contre 6 millions 530.000 et le total de leur actif 32.655.000 livres sterling contre 7.744.000 en 1901. A la fin de 1905, six banques hypothécaires fonctionnaient en Egypte contre seulement deux en 1901.

Ces chiffres, à première vue, sont stupéfiants : Lord Cromer estime, cependant, qu'ils n'ont rien d'inquiétant et il les explique de la manière suivante :

« En premier lieu, 8,000.000 de liv. st. de cette augmentation proviennent d'une opération financière intervenue entre la *Daïra-Sanieh Company* et le *Crédit Foncier*, en vertu de laquelle les créances de la *Daïra* ont été transférées à cet établissement.

« D'autres facteurs importants sont également entrés en jeu : la réduction du taux d'intérêt en ces dernières années et la confiance grandissante des Egyptiens d'une manière générale, dans les institutions de crédit. Ces deux facteurs ont eu pour effet de substituer, dans une large mesure, les banques aux usuriers locaux pour la fourniture de fonds aux classes propriétaires.

« La grande hausse intervenue dans la valeur des terres aurait suffi à elle seule, au cas même où le nombre des hypothèques n'aurait subi aucune augmentation normale, à accroître d'une manière considérable, le montant effectif de ces hypothèques.

« Un autre facteur consiste encore dans les ventes de terrains effectuées par les grandes Sociétés foncières, très actives depuis quelque temps. Le développement rapide du Caire et d'Alexandrie a déterminé aussi beaucoup d'emprunts. Nombreux sont ceux qui trouvent plus d'avantage à hypothéquer leur commerce ou leurs propriétés pour bâtir qu'à retirer des fonds de leur industrie. »

Quoiqu'il en soit, le montant des actions, obligations et réserves des banques de dépôts et des établissements hypothécaires égyptiens, pris dans leur ensemble, a progressé de 10.202.000 liv. st. en 1901 à 36.049.000 liv. st. en 1905. Lord Cromer reconnaît lui-même que ces nouveaux capitaux sont, pour la plus grande partie, venus d'Europe et ce fait confirme ce que nous disions au commencement de ce chapitre.

Ajoutons qu'à côté des banques indigènes un grand nombre d'établissements de crédit étrangers : le *Crédit Lyonnais*, le *Comptoir National d'Escompte de Paris*, l'*Union Parisienne*, la *Banque impériale Ottomane*, la *Banque d'Athènes*, la *Banque de Rome*, la *Banque de Salonique*, le *Crédit Franco-Egyptien*, etc..., ont des succursales en Egypte qui y traitent d'importantes affaires ; et il n'est pas douteux que si on pouvait dresser le bilan des capitaux que ces divers établissements employaient dans le pays en 1901 et en 1905, on trouverait également, en faveur de cette dernière année, une augmentation considérable.

La *Banque nationale d'Egypte* est le plus important des établissements de crédit égyptiens et possède le privilége de l'émission des billets de banque : à ce double titre elle mérite une étude spéciale, car elle a puissamment contribué au développement du crédit dans la vallée du Nil.

En effet, jusqu'en 1898, date de sa constitution, la monnaie métallique était le seul instrument de paiement utilisé en Egypte. Ce n'est qu'à cette époque que, l'activité économique croissante faisant ressortir de plus en plus les inconvénients de l'absence de toute circulation fiduciaire, le gouvernement égyptien favorisa la création, par un groupe de capitalistes anglais-égyptiens, de la *Banque nationale d'Egypte*, qui reçut le privilège exclusif d'émettre des billets au porteur.

Etablie par décret khédivial du 25 juin 1898, la *Banque nationale d'Egypte* commença ses opérations quelques mois plus tard. Son capital, fixé primitivement à 1 million de livres sterling, fut porté successivement à 1.500.000 liv. st. en 1899, à 2 millions de livres en 1903, à 2.500.000 liv. st. en 1904 et à 3 millions en 1905; il est divisé en actions de 10 liv. st. entièrement libérées.

Le siège social est au Caire, et l'unique succursale à Alexandrie; la Banque a, de plus, créé dans toute l'Egypte, des agences qui sont actuellement au nombre de 16; elle a également une agence à Londres.

Ses opérations consistent à émettre des billets à vue et au porteur; à faire des avances au gouvernement, aux municipalités et aux établissements publics; à escompter des effets de commerce sur l'Egypte à un an d'échéance au plus; à consentir des avances sur titres, sur marchandises et sur métaux précieux; à ouvrir aux personnes notoirement solvables des comptes courants à intérêts; à recevoir en dépôt des titres, métaux et objets précieux; à recevoir les dépôts de fonds qui lui sont confiés et à ouvrir des comptes de chèques; à émettre et à acheter des traites ou mandats sur l'Egypte ou l'étranger ; à faire le commerce des métaux précieux ; à se charger des émissions de titres du gouvernement égyptien et des Sociétés égyptiennes, et à participer à toutes opérations commerciales ou financières et industrielles en Egypte, à l'exception d'opérations foncières ou immobilières, ou ayant trait à des entreprises étrangères.

La *Banque Nationale* est également autorisée, par ses statuts, à faire des avances aux cultivateurs pour les frais de semences et de culture nécessaires aux récoltes de l'année, avec ou sans gage ; mais, dès 1902, elle jugea que ce genre d'opérations prenait dans ses bilans une place trop considérable ; elle préféra provoquer la création de la *Banque Agricole d'Egypte*, en participant pour une forte part à la formation de son capital, et elle transmit à ce nouvel établissement toutes les avances en cours qu'elle avait consenties aux fellahs.

Au point de vue de l'émission des billets, la *Banque Nationale d'Egypte* a été organisée sur le modèle de la *Banque d'Angleterre*, c'est-à-dire que le service de l'émission constitue un département absolument distinct de celui des opérations de banque ; les deux départements sont entièrement séparés dans les bilans. Le montant des billets en circulation doit être représenté, pour la moitié au moins, par de l'or et, pour le surplus, par des titres appartenant à la Banque et désignés par le gouvernement.

Au 31 décembre 1905, sur 1.743.590 liv. st. de billets émis, 962.790 liv. st. étaient représentées par des espèces et 780.800 liv. st. par des titres; la Banque avait dans ses caisses pour 354.207 l. st. de ses propres billets, ce qui réduisait la circulation effective à 1.389.383 liv. st. Les coupures mises actuellement en circulation sont de 1/2, 1, 5, 10, 50, 100 et 500 liv. égypt.

L'usage du billet de banque, encore inconnu de la population égyptienne il y a sept ans, ne s'est propagé d'abord que lentement; depuis quelque temps, les rapports annuels de la Banque constatent une progression plus accentuée de la circulation fiduciaire; celle-ci se maintient cependant encore dans des limites restreintes et le chiffre de 1.389.383 livres sterling (34.725.000 fr.) réalisé au 31 décembre dernier, qui était en même temps le maximum de l'année, représente à peine 3 fr. par tête d'habitant.

La gestion de la Banque est confiée à un conseil d'administration composé de 12 à 20 membres, dont 3 constituent un comité spécial siégeant à Londres, et devant être consulté pour l'acceptation des affaires d'une importance supérieure à 100.000 livres sterling, pour l'approbation du bilan annuel, pour les propositions d'augmentation de capital, la liquidation et la dissolution de la Société, et, en général, toutes les fois que son intervention sera réclamée par le gouverneur de la Banque.

***

Par décision de l'assemblée générale du 14 avril 1906, le nombre maximum des administrateurs a été porté de 20 à 22, dont 4, au lieu de 3, formant le comité spécial de Londres.

Le gouverneur et les deux sous-gouverneurs, qui font partie du conseil d'administration, et sont nommés par lui, sont chargés de l'exécution de ses délibérations et de la direction des affaires de la Banque. Leur nomination doit être ratifiée par le gouvernement.

Le ministre des finances est représenté auprès de la Banque par deux commissaires du gouvernement, qui veillent à la stricte observation des lois et défendent les intérêts de l'Etat. Ils peuvent, en tout temps, examiner l'état des caisses et du portefeuille ; ils ont voix consultative aux séances du conseil d'administration.

L'assemblée générale ordinaire annuelle, composée des actionnaires possédant au moins vingt actions, approuve les comptes qui lui sont présentés, fixe le dividende, élit les membres du conseil d'administration, renouvelable tous les ans par cinquième, et deux censeurs chargés d'examiner les comptes et de présenter un rapport à l'assemblée générale suivante. L'assemblée générale extraordinaire peut modifier les statuts, sur la proposition du conseil d'administration et sous réserve de la sanction du gouvernement.

La répartition des bénéfices nets, toutes charges déduites, s'effectue de la manière suivante : un intérêt de 4 0/0 est d'abord attribué aux actions ; 10 0/0 des bénéfices sont ensuite portés à la réserve jusqu'à ce qu'elle atteigne le quart du capital versé ; le surplus est ainsi réparti : 10 0/0 au conseil d'administration et 90 0/0 aux actionnaires à titre de dividende. Le dividende total payé à chaque action de 10 liv. st. a été de 14 sh. pour le premier exercice, comprenant les années 1899 et 1900, et pour les années suivantes de 11, 12, 12, 14 et 16 sh.

Voici le résumé des bilans annuels, depuis la création de la Banque, pour le département des opérations de banque :

Banque Nationale d'Égypte : Résumé des bilans annuels

(Milliers de livres sterling)

ACTIF

	1900	1901	1902	1903	1904	1905
Encaisse	331	190	211	323	903	1.993
Valeurs à vue et à court terme	90	471	587	142	579	3.609
Portefeuille	633	587	1.146	890	845	2.497
Avances sur gage et en compte courant	1.711	2.021	2.315	3.628	3.000	2.894
Portefeuille de titres	375	262	690	759	1.223	1.686
Banquiers	68	28	40	147	106	252
Immeubles et mobilier	74	80	81	86	117	140
Divers	»	»	»	»	5	14
Total	3.282	3.639	5.003	5.975	7.387	13.085

PASSIF

	1900	1901	1902	1903	1904	1905
Capital (versements échus)	1.500	1.500	1.500	2.000	2.250	2.750
Réserves...	186	199	210	406	705	1.351
Dépôts des particuliers................	345	553	1.259	1.667	2.132	3.503
Dépôts du Trésor et des administrat. publiques	795	1.206	1.735	1.560	1.477	4.676
Banquiers...........	45	13	56	27	110	157
Chèques et effets à payer	270	43	104	133	340	280
Divers	12	13	16	19	24	41
Profits et pertes	129	112	123	163	349	327
Total.........	3.282	3.639	5.003	5.975	7.387	13.085

Les deux tableaux précédents confirment ce
que nous disions d'autre part sur le développement de l'activité économique et financière de
l'Egypte au cours des cinq dernières années. Entre
1901 et 1905, le bilan annuel de la Banque est
passé de 3.639.000 liv. st. (91 millions de francs)
à 13.085.000 liv. st. (327 millions de francs), soit
une augmentation de 236 millions de francs ou
360 0/0.

Les opérations d'escompte et d'avances ont progressé, dans leur ensemble, de 3.079.000 liv. st. à
9 millions de liv. st., et les dépôts des particuliers,
du Trésor et des administrations publiques s'élevaient, à la fin de 1905, au chiffre considérable de
8.179.000 liv. st., contre seulement 1.759.000
liv. st. à la fin de 1901.

Entre les deux dates, le compte des profits et
pertes s'est traduit par les résultats suivants :

Banque Nationale d'Égypte : Compte de profits et pertes pour les années 1901 et 1905

(Livres sterling)

CRÉDIT

	1901	1905	Augmentations en 1905	%
Bénéfice brut de l'exercice (amortissements déduits)	146.674	408.902	262.228	178.8
Reports de l'exercice précédent...................	5.655	30.448	24.793	438.4
Total du crédit	152.329	439.350	287.021	188.4

DÉBIT

	1901	1905	Augmentations en 1905	%
Dépenses d'administration et de premier établissement....................	31.315	84.906	53.591	171.1
Réescompte du portefeuille	8.640	27.419	18.779	217.3
Porté à la réserve........	10.672	29.658	18.98t	177.9
— — extraordinaire...................	»	50.000	50.000	»
Allocation aux directeurs.	3.605	16.692	13.087	363.0
Dividende...................	82.500	200.000	117.500	142.4
Solde à reporter	15.597	30.675	15.078	96 7
Total du débit......	152.3:9	439 350	287.021	188.4
Dividende par action de 10 liv. st.	11 sh.	16 sh.	5 sh.	45.5

Ces résultats, très remarquables, promettent encore encore plus pour l'avenir, et on s'explique que les actions de 10 liv. st. de la *BanqueNationale*, qui valaient à peine 11 3/8 liv. st. à la fin de 1901, aient été cotées, à Alexandrie, au-dessus de 25 liv. st. à la fin de 1905.

En ce qui concerne le département de l'émission, nous savons déjà, qu'à la fin de 1905, pour

1.743.590 liv. st. de billets émis, la Banque, conformément à ses statuts, avait en caisse 962.790
livres sterling d'espèces et 780.800 liv. st. de valeurs. Mais, à cette date, il n'y avait, en réalité,
que 1.389.000 liv. st. de billets en circulation; la
Banque possédait le surplus dans ses caisses et
il est intéressant de connaître le développement
progressif de cette circulation fiduciaire, qui est
appelée à jouer un grand rôle dans les transactions intérieures de l'Egypte :

**Circulation fiduciaire de la Banque Nationale d'Egypte
de 1901 à 1905**

Années	Circulation fiduciaire	
	Moyenne annuelle	au 31 décembre
	Liv. st.	Liv. st.
1901...................	73.000	102.000
1902...................	116.000	151.043
1903...................	218.000	382.460
1904...................	454.000	538.000
1905...................	923.000	1.389.000

Au 24 mars 1906, date de la dernière assemblée
générale de la Banque, la valeur des billets entre
les mains du public s'élevait à 1.685.000 liv. st.
ou 42.125.000 francs. Certes, il y a loin de ce
chiffre à la circulation fiduciaire des grandes banques européennes d'émission, mais il ne faut pas
perdre de vue qu'il y a seulement sept ans, le
billet de banque était totalement inconnu des Egyptiens, et que la facilité avec laquelle les petits né-
gociants et les fellahs eux-mêmes acceptent aujourd'hui les diverses coupures de la *Banque*

Nationale permet d'espérer que, dans un avenir très rapproché, la circulation fiduciaire aura dans le régime monétaire égyptien la place qu'elle occupe dans les Etats moyens de l'Europe.

****

L'unité monétaire officielle égyptienne est la *livre égyptienne* pesant 8 gr. 500 d'or au titre de 875 millièmes de fin. Elle vaudrait au pair, en monnaie française, 25 fr. 618; mais comme les *livres sterling*, les *livres turques* et les pièces de 20 fr. dites *napoléons d'or*, sont admises au cours légal en Egypte d'après le tarif de 20 fr. $= 0.7715$ *livre égyptienne*, cette livre, convertie en francs, vaut au change :

$$\frac{20}{0.7715} = 25 \text{ fr. } 92.$$

La *livre égyptienne* se subdivise en 100 piastres de 40 paras chacune. Depuis le décret du 14 novembre 1885, la circulation métallique de l'Egypte comprend des pièces d'or de 1 liv. égypt., de 50 piastres, de 20 piastres, de 10 piastres et de 5 piastres. Mais le gouvernement égyptien a décidé de démonétiser les trois derniers modules, et il ne restera dans la circulation que des pièces d'or de 1 liv. égypt. et de 50 piastres.

Les pièces d'argent, frappées au titre de 835 mill. 1/3, sont au nombre de cinq : 20 piastres, 10 piastres, 5 piastres, 2 piastres et 1 piastre. Il

existe également quatre pièces de nickel et deux
pièces de bronze.

D'après le décret du 14 novembre 1885, les monnaies d'or égyptiennes et les pièces d'or étrangères
admises au cour-t légal, jouissent de la puissance
libératoire illimitée, mais les monnaies d'argent
ne sont acceptées dans les paiements que jusqu'à
concurrence de 200 piastres, et celles de nickel et
de bronze pour seulement 10 piastres.

De 1887 à 1905, l'Egypte a frappé 303.748.100
piastres de monnaies, dont 5.202.400 piastres en
or, 260.546.700 piastres en argent, 36.786.600 piastres en nickel et 1.212.400 piastres en bronze; soit,
au total, 71.897.000 francs, et, sur ce chiffre, les
monnaies d'or figurent pour à peine 1.352.000
francs.

Mais l'Egypte n'a pas besoin de fabriquer des
monnaies d'or, car elle est abondamment pourvue
de souverains anglais qui constituent au moins
les neuf dixièmes de sa circulation métallique
legal tender.

D'après la statistique de la Monnaie américaine,
le stock d'or de l'Egypte se serait élevé, vers la fin
de l'année 1903, à la somme de 300 millions de
francs, dont 50 millions dans les caisses des
banques ou de l'Etat et 250 millions dans la circulation publique.

Si cette évaluation est exacte, et en tenant compte
de l'excédent des importations de numéraire d'or,

sur les exportations de même nature, constaté pour les années 1904 et 1905, soit 5.788.000 liv. égypt. ou 150 millions de francs : le stock d'or de l'Égypte aurait atteint, à la fin de 1905, environ 450 millions de francs.

Ce chiffre n'a rien d'excessif, car la population égyptienne devant être aujourd'hui de 13 millions d'habitants, il ne donnerait qu'une moyenne de 34 fr. 61 par tête d'habitant.

Le stock des monnaies d'argent ne doit pas être supérieur au montant nominal des frappes effectuées depuis 1887, soit environ 67.700.000 francs, et celui des monnaies de nickel et de bronze représente environ 10 millions de francs.

On pourrait donc assigner au stock monétaire égyptien la valeur nominale suivante :

Stock probable du numéraire égyptien à la date du 31 décembre 1905

Désignation	Montant approximatif	Par tête d'habitant (1)
	Milliers de fr.	Francs
Monnaies d'or de toute origine	450.000	34 61
— d'argent...............	67.700	5 21
— de nickel et de bronze	10.000	0 77
Billets de la *Banque Nationale* non couverts par l'encaisse métallique......	18.044	1 39
Total	545.744	41 98

(1) Pour une population supposée de 13 millions d'habitants.

Nous ne donnons les chiffres ci-dessus qu'avec les réserves que comportent toutes les statistiques de cette nature, mais notre conviction personnelle est que le stock d'or égyptien devait être sensiblement supérieur à 450 millions de francs à la fin de 1905 :

1° Parce que la statistique douanière égyptienne — dont les évaluations sont généralement considérées comme sérieuses — établit que, pendant les cinq dernières années, les importations nettes du numéraire étranger (déduction faite des exportations) se sont élevées à 365 millions de francs ;

2° Parce que si les Egyptiens riches et les étrangers habitant l'Egypte vont, chaque année, dépenser à l'extérieur des sommes importantes, échappant à la statistique douanière, les touristes visitant l'Egypte — dont le nombre va toujours en croissant — apportent dans le pays des livres sterling et des napoléons d'or, qui échappent aussi à la statistique administrative, et dont la valeur compense une bonne partie des dépenses en question.

Mais, comme l'Egypte ne frappe pas de monnaies d'or et que les livres sterling, les livres turques et les napoléons d'or pénètrent librement dans la circulation publique, grâce au cours légal dont ils jouissent dans le pays : il est matériellement impossible d'y opérer les recensements périodiques, tels que nous les pratiquons en France, et qui nous permettent de calculer, avec une certaine précision, la valeur de notre stock monétaire.

Il faut donc se contenter d'évaluations approximatives et souhaiter, avec M. Roussin, « qu'une étude attentive des détails, qui s'accumulent d'année en année, finira par jeter la lumière sur les questions d'ordre tant général que particulier qui se rapportent à ce sujet ».

X

Le Canal de Suez. — Les Chemins de fer. La Navigation maritime

A. — *Canal de Suez*

Malgré l'opposition violente du gouvernement britannique et l'hostilité de la haute banque française de l'époque, M. Ferdinand de Lesseps put constituer, le 2 décembre 1858, la *Compagnie universelle du Canal Maritime de Suez*, au capital de 200 millions de francs, divisé en 400.000 actions de 500 francs chacune. Sur ce capital, la France demanda à elle seule 207.111 titres; l'Empire ottoman, comprenant la Turquie et l'Egypte, 96.517, et diverses nations européennes, 10.866. Il restait à souscrire 85.506 actions que M. de Lesseps avait intentionnellement réservées à l'Angleterre, aux Etats-Unis, à l'Autriche et à la Russie; mais les capitalistes de ces pays ayant refusé de les souscrire, le vice-roi d'Egypte, Mohammed-Saïd, les prit pour son compte, en outre des actions qu'il avait déjà souscrites dans la part réservée à l'Empire ottoman.

Six mois avant la constitution de la Société, le 1er juin 1858, lord Palmerston, premier ministre d'Angleterre, avait dit en pleine Chambre des Communes : « C'est la plus grande duperie qui ait été jamais proposée à la crédulité et à la simplicité des gens de notre pays, et elle ne relève plus que du banc de justice de la Reine ». Et deux ans plus tard (août 1860), alors que les travaux de percement de l'isthme étaient déjà commencés, le même homme d'Etat disait encore :

« La *Compagnie de Suez* est une des plus remarquables tentatives de tromperie qui aient été mises en pratique dans les temps modernes. C'est un leurre complet depuis le commencement jusqu'à la fin. Beaucoup de personnes en France, de petites gens, ont été induites à prendre de petites actions sous l'impression que l'affaire serait profitable. La marche des travaux en Egypte, toutefois, a été telle qu'elle a montré que si l'entreprise n'est pas impossible, elle exigera des sacrifices d'argent, de temps et de travail tout à fait au-dessus des forces de toute Compagnie ».

Il faut rendre cette justice aux Anglais qu'ils ne persévèrent pas dans leurs erreurs, car après avoir usé de toute l'influence qu'il possédait à Constantinople et en Egypte pour empêcher la constitution de la Société et le percement du canal, le gouvernement britannique n'hésita pas le 25 novembre 1875 — lorsque les événements eurent démontré la haute valeur internationale de l'entreprise — à acquérir pour 3.976.583 liv. st. (100.290.000 francs en chiffres ronds, la livre sterling étant comptée à son pair de 25 fr. 22), les 176.602 actions de *Suez*, que le khédive Ismaïl avait en sa possession.

Nous reviendrons plus loin sur cette fameuse opération dont nous avons déjà parlé dans notre Chapitre III. Enfin, malgré les difficultés de toute nature que M. de Lesseps dut surmonter pour achever son œuvre : la jonction de la Méditerranée et de la mer Rouge s'opéra le 15 avril 1869 et l'ouverture de la navigation fut définitivement fixée au 17 novembre suivant.

« L'inauguration eut lieu avec une solennité et un éclat qu'on ne retrouverait peut-être au même degré dans aucune autre cérémonie. Aucune n'a été saluée par des acclamations plus unanimes. Le canal apparaissait comme un symbole de paix, comme le trait-d'union entre les parties de l'univers, comme un puissant instrument de civilisation et de progrès. M. de Lesseps et le Vice-Roi, pour des motifs différents, avaient tenu à convier des représentants du monde entier. Le premier, naturellement, avait à cœur d'affirmer le succès d'une entreprise qui avait été si long-temps contestée et de provoquer, par cette immense publicité, le grand mouvement commercial dont elle devait être le théâtre. Le second voulait donner à ses illustres visiteurs une haute idée de sa puissance, prendre place parmi les souverains et augmenter ses titres au respect de la Porte. Il voulait aussi, — faut-il le dire ? — par l'appareil de son faste, accroître le crédit dont il jouissait encore sur diverses places de l'Europe et qui allait être mis bientôt à de rudes épreuves. Moitié par orgueil, moitié par calcul, Ismaïl se livra, pour recevoir ses invités, à des préparatifs qui confondent l'imagination. Non seulement des fêtes et des festins étaient organisés pour des milliers de personnes, pendant plusieurs semaines, mais des trains spéciaux de chemin de fer et une flottille de bateaux à vapeur transportaient gratuitement les voyageurs vers le Haut-Nil et les hébergeaient magnifiquement. *On*

*évalue la dépense de cette réception colossale à plu-
sieurs centaines de millions.*

« L'inauguration fut présidée par l'Impératrice Eu-
génie, aux côtés de laquelle se tenait l'Empereur d'Autriche François-Joseph. Faisaient partie du cortège :
le Prince royal de Prusse, le Prince et la Princesse des
Pays-Bas, le Prince de Hanovre, l'ambassadeur d'Angleterre Sir Henry Elliot, l'amiral Togethof, le Comte
Andrassy, un amiral espagnol et une multitude de
personnages connus, parmi lesquels se faisait remarquer Abd-El-Kader, auquel le gouvernement français
avait gracieusement offert la frégate *Forbin*. Les
soixante-huit navires de toutes les nations, assemblés
à Port-Saïd, s'engagèrent dans le canal le 17 au ma-
tin, ayant à leur tête l'*Aigle* qui portait l'Impératrice.
Après plusieurs arrêts marqués par des réjouissances
aux proportions grandioses, la flotte internationale
déboucha dans la mer Rouge le 20 novembre. Tous les
souverains ou les délégués des divers Etats, présents à
Suez, télégraphièrent immédiatement en Europe pour
faire connaître la grande nouvelle....

« L'année suivante, M. de Lesseps fit un voyage à
Londres et à Liverpool, qui fut l'occasion des témoi-
gnages les plus chaleureux. Le Prince de Galles lui
remit la médaille d'or du Prince Albert et prononça
ces paroles : « La Grande-Bretagne n'oubliera jamais
« que c'est à vous qu'est dû le succès de cette grande
« entreprise, qui est destinée à développer à un si
« haut point les intérêts commerciaux qui existent
« entre elle et ses possessions de l'Orient, et j'espère
« que, depuis que vous êtes parmi nous, la nation
« anglaise vous a prouvé combien elle apprécie les
« avantages que votre grande œuvre a déjà procurés
« et procurera à notre pays. » En même temps,
M. Gladstone, premier ministre, lui annonçait que la
reine Victoria lui décernait la grand-croix de l'Etoile
de l'Inde pour « l'énergie, l'habileté, la persévérance
avec lesquelles, pendant tant d'années et au milieu

de si grandes difficultés, il avait poursuivi la création du canal de Suez, aujourd'hui heureusement achevé ». (M. de Freycinet : « *La Question d'Egypte.* »)

La concession que M. de Lesseps avait obtenue du vice-roi Mohammed-Saïd par actes des 30 novembre 1854 et 5 janvier 1856, comprenait : 1° La construction d'un canal maritime (130 kilomètres) de grande navigation entre la mer Rouge et la Méditerranée, de Suez au golfe de Péluse ; 2° la construction d'un canal de navigation fluviale et d'irrigation, joignant le Nil au canal maritime, du Caire au lac Timsah ; 3° la construction de deux canaux de dérivation se détachant du précédent en amont de son débouché dans le lac Timsah, et amenant ses eaux dans les deux directions de Suez et de Péluse ; 4° l'exploitation de ces canaux et des entreprises s'y rattachant ; 5° l'exploitation des terrains concédés.

On ne peut concevoir aujourd'hui les difficultés sans nombre que M. de Lesseps et ses collaborateurs de la première heure eurent à vaincre pour réaliser ce grandiose programme. Jusqu'à la fin des travaux la diplomatie britannique lui fit une opposition acharnée que M. J. Charles-Roux, ancien député de Marseille et aujourd'hui vice-président de la *Compagnie de Suez*, a remarquablement analysée dans une très intéressante étude publiée par la *Revue de Paris* en octobre et novembre 1899.

Cette opposition se traduisit finalement par une perte de temps considérable et par une majoration excessive des dépenses primitivement admises par la grande Commission internationale d'ingénieurs que M. de Lesseps avait réunie à Paris en 1855.

Cette Commission, après avoir soigneusement étudié le tracé du canal maritime et les conditions matérielles de son exécution, avait estimé que son creusement et celui du canal d'eau douce de jonction et des rigoles d'irrigation latérales, devaient être achevés en cinq années et coûter 200 millions de francs. Or, le premier coup de pioche ayant été donné sur le Lido de Port-Saïd le 25 avril 1859, l'ouverture du canal à la navigation maritime n'eut lieu que le 17 novembre 1869, c'est-à-dire plus de dix ans après, et les comptes de dépenses, arrêtés à la date du 31 décembre 1869, établirent que la Compagnie avait effectivement dépensé en travaux, matériel, appropriation de terrains à bâtir, intérêts servis aux actions et aux obligations et frais administratifs, la somme totale de 432 millions 807.882 francs.

« Les prévisions de la première Commission — dit M. J. Charles Roux — avaient donc été fortement dépassées, puisqu'elle avait évalué à 200 millions le coût du canal ; mais elle n'avait pas prévu les intérêts intercalaires et elle pouvait prévoir moins encore la suppression des contingents égyptiens et les complications qui ont résulté des difficultés diplomatiques dont nos lecteurs ont suivi le long calvaire. Le capital à rémunérer était donc fort lourd. Comme la presse financière ne se gênait guère pour exagérer la gravité de la situation, la Compagnie traversa une période des plus critiques et dut recourir à un emprunt de vingt millions. Elle obtint du Khédive la faculté de percevoir temporairement une surtaxe de un franc par tonneau, affectée spécialement au service de cet emprunt et devant disparaître après son amortissement. Cette surtaxe devait s'ajouter aux droits de transit de dix francs par tonne. »

C'est alors que commença, contre la Compagnie, la fameuse campagne des armateurs, qui demandaient à la fois une modification, en leur faveur, du principe sur lequel la Compagnie avait établi son droit de transit, c'est-à-dire, une réduction de tarif, et des améliorations d'exploitation devant permettre aux navires de traverser plus rapidement le canal maritime et de gagner ainsi un temps précieux.

Bien entendu, le gouvernement britannique prit fait et cause pour les armateurs, et après douze années de lutte, dont il serait trop long de rappeler les péripéties, les assemblées générales des actionnaires de la Compagnie, tenues à Paris les 12 mars et 20 mai 1884, ratifièrent le programme de Londres que M. Charles de Lesseps avait arrêté d'accord avec les représentants du commerce maritime anglais.

Ce programme comportait : l'accroissement du nombre des administrateurs de la Compagnie (32 au lieu de 25) au profit des armateurs ou commerçants anglais; la suppression de la taxe de pilotage; la réduction du tarif à 9 fr. 50 la tonne à partir du 1er juin 1885 et la réduction progressive de ce tarif quand le dividende des actions dépasserait 90 fr., puis 125 fr. Enfin, la Compagnie s'engageait à améliorer les conditions de la navigation en approfondissant et en élargissant le canal.

Toutes les stipulations du programme de Londres ont été réalisées, et pour indiquer les avantages que la navigation maritime en a retirés, il nous suffira de dire qu'en 1882 la traversée de l'isthme prenait environ 54 heures et qu'à l'époque actuelle, grâce à l'élargissement et à l'approfondissement du canal, grâce à la navigation de nuit et aux mesures intelligentes du service de pilotage, les plus grands paquebots vont de Suez à Port-Saïd en 16 heures. Quant aux échouages dans le canal, dont le rapport au nombre des traversées était de 43 pour mille en 1885, ils se sont abaissés à 17 pour mille en 1905.

Ajoutons, pour terminer ce rapide historique, que depuis le 25 juin 1888 la neutralité du canal de Suez est formellement reconnue par toutes les grandes puissances et que l'Angleterre, malgré sa situation prépondérante en Egypte, « ne jouit d'aucun avantage spécial sur le canal et ne possède aucun droit sur la police à y exercer ».

En 1870, première année d'exploitation régulière, le tonnage net du transit n'atteignit que 437.000 tonnes et le nombre des passagers 26.758.

Les recettes ordinaires de toute nature ne dépassèrent pas 5 millions de francs, alors que les dépenses d'exploitation étaient supérieures à ce chiffre et que le seul service annuel des 333.333 obligations de 500 fr. 5 0/0 à lots émises à 300 fr. en 1867 et 1868 coûtait plus de 10 millions de francs à la Compagnie.

En 1871, on enregistra encore un déficit qui porta à 12 millions de francs la perte pour les deux exercices. A partir de 1872, les recettes accusèrent un excédent de 2 millions de francs sur la totalité des dépenses. Mais les actions, qui avaient droit à un intérêt annuel de 25 francs payable en deux coupons semestriels, ne recevaient plus rien depuis le 1.er juillet 1871 et comme il ne pouvait être question de distribuer aucun dividende avant la liquidation de cet arriéré, l'assemblée générale du 2 juin 1874 décida qu'en représentation des 7 coupons arriérés (1er juillet 1871 au 1er juillet 1874) il serait créé 400.000 titres au porteur de 85 fr. entièrement libérés, rapportant 5 0/0 par an et remboursables au pair en 40 années à partir de 1882.

Chaque actionnaire reçut ainsi, en échange des 7 coupons impayés, une obligation qui se négocia d'abord aux environs de 65 francs, mais qui vaut aujourd'hui 95 fr. 50 à la Bourse de Paris.

Les recettes du transit étaient successivement passées de 4.346.000 fr. en 1870, à 7.505.000 fr. en 1871, à 14.377.000 fr. en 1872, à 20.851.000 fr. en 1873 et à 22.668.000 fr. en 1874. En 1875, avec un tonnage net de 2.009.984 tonnes, elles s'élevèrent à 26.431.000 fr. et celles des passagers à 844.465 francs.

C'est à partir de 1875, et malgré la modification des conditions d'exploitation imposée *par la force* à la Compagnie en 1874, que la brillante destinée financière de l'œuvre de M. de Lesseps commença à se dessiner... Or, c'est cette même année que le khédive Ismaïl eut la mauvaise idée de vendre au gouvernement anglais les 176.602 actions qu'il possédait !

Il est vrai qu'il avait déjà aliéné le revenu de ces titres jusqu'au 1er juillet 1894.

En effet, par une convention des 23 avril et 14 juillet 1869, le vice-roi, pour se libérer à forfait d'une somme de 30 millions de francs qu'il devait à la Compagnie, lui fit la remise de 50 coupons semestriels à échoir pour ces 176.602 actions. En représentation de ces coupons, l'assemblée générale du 2 août 1869 créa 120.000 titres, (*Délégations de coupons d'actions*) qui furent émis à 270 francs en souscription publique. Ces *Délégations* avaient droit à un intérêt annuel fixe de 25 fr. et à une part proportionnelle dans les dividendes futurs. Amortissables en 25 années par tirage au sort, elles ont été entièrement remboursées le 1er juillet 1894.

Le tableau suivant donne, par périodes quinquennales, le transit et les recettes du *Canal de Suez* de 1870 à 1905 inclusivement.

Transit *du Canal de Suez et Recettes provenant du droit spécial de navigation et du droit payé par les passagers.*
1870 à 1905

Années	Nombre de navires	Tonnage net	Recettes des navires	Moyen par tonne	Nombre de passagers	Recettes des passagers
	Unités	Milliers de T.	Milliers de fr.	Francs	Unités	Milliers de fr.
1870....	483	437	4.846	9.95	26.758	264
1875....	1.494	2.010	26.431	13.15	84.446	844
1880....	2.026	3.057	36.496	11.94	101.551	1.016
1885....	3.624	6.336	60.057	9.48	205.951	2.060
1890...	3.889	6.890	65.427	9.50	194.467	1.945
1895....	3.434	8.448	75.934	8.99	216.938	2.169
1900....	3.441	9.738	87.278	8.96	282.511	2.825
1905....	4.116	13.134	110.625	8.42	252.691	2.527

Comme on le voit par le tableau ci-dessus, les recettes du transit des navires ont augmenté d'environ 30 millions de francs tous les dix ans, malgré les détaxes successives que l'application du programme de Londres (1884) leur fait régulièrement subir.

Depuis 1890, le transit a doublé d'importance et il est intéressant de rechercher quelles sont les contrées qui ont le plus profité, pour leurs relations commerciales avec l'Europe, du *Canal de Suez :*

Mouvement général du transit (importations et exportations) *des régions au delà de Suez de 1890 à 1905*
(En milliers de tonnes)

Régions	1890	1895	1900	1905
Calcutta, Indes orient...	1.882	2.417	2.763	3.722
Bombay, Indes occid....	1.988	2 015	1.128	2.623
Chine, Japon, Indo-Chine	928	1.400	2.756	2.943
Sonde, Java, etc.........	879	1.003	1.872	1.671
Australasie...............	716	840	864	905
Afrique orientale.......	149	357	404	482
Autres régions..........	348	416	451	698
Totaux	6.890	8.448	9.738	13.134

C'est Calcutta et la côte orientale des Indes anglaises qui ont actuellement le plus fort trafic dans le canal, mais c'est la Chine, le Japon et l'Indo-Chine qui ont le plus augmenté leur mouvement commercial avec l'Europe pendant ces quinze dernières années, car leur trafic réuni a progressé de 2.015.000 tonnes, contre 1.840.000 tonnes pour Calcutta et les Indes orientales ; 792.000 tonnes pour les îles de la Sonde, le Siam, les Philippines et les Indes néerlandaises et 635.000 tonnes pour Bombay et la côte occidentale des Indes.

Au point de vue du transit par nationalité, la guerre sino-japonaise de 1895, qui a virtuellement ouvert la Chine au commerce européen, a sérieusement modifié la position des trois grandes nations maritimes de l'Europe :

Décomposition du Transit *du Canal de Suez en 1895 et 1905 par nationalité*

Nationalités	Nombre de navires	1895 Tonnage net		Nombre de navires	1905 Tonnage net	
		1.000 tonnes	% de l'ensemble		1.000 tonnes	% de l'ensemble
Anglais	2.318	6.061	71.8	2.48.	8.557	68.6
Allemands	314	694	8.2	600	2.113	16.1
Français	278	673	8.0	272	844	6.4
Hollandais	192	366	4.3	219	578	4.4
Austro-Hong.	72	166	2.0	189	458	8.6
Italiens	78	146	1.7	91	190	1.4
Russes	30	87	1.0	70	177	1.4
Ottomans	36	85	0.4	91	117	0.9
Norvégiens	57	109	1.8	66	116	0.9
Divers	59	111	1.8	84	184	1.4
Totaux	8.434	8.448	100.0	4.116	18.184	100.0

Le pavillon anglais a bien augmenté son transit de 2.296.000 tonnes entre 1895 et 1905, soit 37.9 0/0, mais son pourcentage dans l'ensemble du mouvement maritime s'est abaissé de 71.8 0/0 à 63.6 0/0, tandis que le transit de l'Allemagne a augmenté de 1.419.000 tonnes ou 204.4 0/0, et la proportion du tonnage des navires battant pavillon allemand dans l'ensemble du mouvement maritime a progressé de 8.2 0/0 en 1895 à 16.1 0/0 en 1905. Quant à la navigation française son transit à travers le canal est passé de 673.000 à 844.000 tonnes soit 25.4 0/0 d'augmentation, mais sa proportion dans l'ensemble a reculé de 8 0/0 à 6.4 0/0.

La concurrence maritime allemande en Extrême-Orient est, évidemment, celle qui inquiète le plus les armateurs anglais, car elle a déjà provoqué entre les contrées asiatiques et l'Europe une baisse du prix des frêts qui est très préjudiciable pour les intérêts particuliers de ces armateurs, mais dont le commerce extra-européen et les actionnaires du *Canal de Suez* profitent cependant.

Or, on peut admettre que le mouvement maritime entre l'Asie et l'Europe continuera à se développer d'année en année et que le transit du *Canal de Suez*, qui a augmenté en moyenne de 350.000 tonnes par an pendant les quinze dernières années, atteindra le chiffre de 20 millions de tonnes en 1925. A cette date, la Compagnie, qui a déjà remboursé les 12 millions de *Bons trente-naires* émis en 1871 (amortissables entre 1872 et 1901), aura également remboursé les 333.333 obligations à lots 5 0/0, émises en 1867-1868 (166 millions 666.500 fr. de capital) et les *Bons de coupons arriérés* (34 millions de francs) dont le terme de l'amortissement arrive respectivement en 1918 et 1922.

La situation financière de la Compagnie sera alors plus brillante encore que celle d'aujourd'hui, même avec les détaxes prévues par le programme de Londres. En attendant, il est intéressant de dresser son bilan social au 31 décembre 1905, c'est-à-dire à la fin du dernier exercice connu.

Depuis sa fondation, la *Compagnie Universelle du Canal Maritime de Suez* a reçu, en outre des 200 millions de francs de son capital social, 272 millions 999.399 francs d'emprunts, dont voici l'origine :

1° 333.333 *Obligations 5 0/0 à lots*, émises à 300 francs en 1867-1868, soit 99.999.900 francs : 165.596 de ces obligations étaient amorties au 31 décembre 1905;

2° *Consolidation d'intérêts arriérés* : 400.000 bons à 85 francs, soit 34 millions de francs, dont 14.526 bons amortis au 31 décembre 1905 ;

3° 120.000 *Bons trentenaires*, émis à 100 francs en 1871, soit 12 millions de francs, entièrement amortis depuis 1901 ;

4° 73.026 *Obligations 3 0/0 1re série*, émises à divers cours, ayant produit 26.999.962 francs et sur lesquelles 7.059 titres étaient amortis au 31 décembre 1905;

5° Enfin, 238.964 *Obligations 3 0/0 2e série*, émises à divers cours, ayant produit 99.999.537 francs et sur lesquelles 4.126 titres étaient amortis à la même date.

Voici d'abord le cours moyen annuel de ces divers titres auxquels nous ajouterons les *Parts de fondateurs* et les *Parts de la Société Civile* dont nous parlerons ensuite :

Cours moyens annuels des titres de la *Compagnie de Suez* par périodes quinquennales :

| Années | Actions | Oblig. 5 % à lots | Obligat. 3 % | | Bons de coupon° arriéré° | Parts | |
			1re série	2e série		Fonda- teurs	Société Civile
	Fr.	Fr.	Fr.	Fr.	Fr.	Fr.	Fr.
1870.....	273	337	»	»	»	»	»
1875.....	674	512	»	»	71	»	»
1880.....	1.076	571	870	»	88	368	597
1885.....	2.035	577	386	»	89	755	1.323
1890.....	2.348	603	443	435	93	923	1.562
1895.....	3.249	658	489	487	96	1.317	2.238
1900.....	3.508	618	467	462	93	1.354	2 257
1905.....	4.461	619	486	482	94	2.020	3.257

Le plus bas cours coté sur les actions, pendant cette période de 35 ans, a été 163 fr. en 1871 et le plus haut cours 4.650 fr. en 1905.

Nous savons qu'au 31 décembre 1869 la Compagnie avait dépensé en travaux de toute nature, matériel, terrains, intérêts aux actions et obligations et frais administratifs, la somme de 432 millions 807.882 fr., représentant le coût de l'entreprise au moment de sa mise en exploitation. Dans l'inventaire général du 31 décembre 1905 les dépenses représentant le prix de revient du canal maritime : construction, agrandissement, améliorations, etc., s'élevaient à 606.048.457 *fr.* et l'actif mobilier et immobilier : immeubles, bâtiments, matériel, outillage, approvisionnements, etc., à 48.308.650 fr.; soit, au total, 654.357.107 fr.

Il résulte de ces chiffres qu'indépendamment des 108.104.500 fr. consacrés à l'amortissement au pair des titres remboursés entre 1868 et 1905, la Compagnie a employé, depuis le 1er janvier 1870, 221.549.225 fr. en nouveaux travaux et outillage.

L'actif immobilisé de la Compagnie figurait donc à l'inventaire général du 31 décembre 1905 pour 654.357.107 fr. et l'actif disponible ou réalisable pour 123.144.876 fr.; soit, au total, 777 millions 501.983 fr.

Or, pendant cette même année de 1905 la valeur moyenne de l'ensemble des titres de la *Compagnie de Suez* en circulation au 31 décembre représentait :

Valeur générale des Titres de la *Compagnie de Suez* en circulation au 31 décembre 1905, d'après leur valeur moyenne de l'année 1905 :

Titres	Nombre	Cours moyen	Valeur totale
		Francs	Francs
Actions de capital..........	384.572	4.461	1.715.576.000
— de jouissance	15.428	3.743	57.747.000
Obligations 5 % à lots	167.737	619	103.829.000
— 3 % 1re série...	65.967	486	32.080.000
— 3 % 2e série ...	234.838	482	113.192.000
Bons de coupons arriérés...	875.474	94	86.235.000
Parts de fondateur..........	100.000	2.020	202.000.000
— Société civile	84.507	3.257	275.239.000
Valeur totale................			2.585.898.000

Mais si les calculs du tableau précédent avaient été faits d'après les cours de clôture du 30 juin 1906, la valeur totale des mêmes titres se serait élevée à 2.619.880.422 fr., c'est-à-dire à une somme supérieure de 427 millions de francs au capital nominal de toute la Dette publique égyptienne en circulation au 31 décembre 1905.

Ceci nous permet de faire le décompte de tout ce que le gouvernement égyptien a perdu en réalisant trop prématurément les avantages qu'il s'était réservés au moment de la constitution de la *Compagnie universelle du Canal Maritime de Suez*.

Le gouvernement égyptien possédait, nous l'avons déjà dit, 176.602 actions qui furent vendues en 1875 au gouvernement anglais contre une somme de 100.290.000 francs.

L'acte de concession réservait, en outre, au gouvernement égyptien 15 0/0 des bénéfices nets de l'entreprise, déduction faite des dépenses d'exploitation, des frais d'intérêts et d'amortissement des emprunts et de 5 0/0 d'intérêt au capital-action. En 1880 le gouvernement égyptien céda au *Crédit Foncier de France* (contrat du 20 mars 1880) ce droit de 15 0/0, lequel fut apporté pour 22 millions de francs à une société dite *Société Civile pour le recouvrement des 15 0/0 de produits nets de la*

Compagnie du Canal de Suez attribués au gou vernement égyptien.

Cette Société se constitua au capital social de 22.040.000 fr., divisé en 84.507 parts, pour une durée égale à celle de la *Compagnie de Suez* elle-même (17 avril 1880 au 17 novembre 1968) et le *Comptoir national d'escompte de Paris* fut institué son mandataire et son représentant unique.

Les produits sont distribués annuellement aux porteurs de parts après l'encaissement du dividende revenant à la Société civile sous la simple déduction des impôts et des frais administratifs. L'Assemblée générale, à laquelle tous les porteurs de dix parts ont le droit d'assister, ne se réunit à Paris que lorsque le *Comptoir National d'Escompte* le juge nécessaire.

Le coupon revenant à chaque part de la *Société Civile* n'avait été que 4 fr. 87 pour l'exercice 1879, payable en 1880, mais celui de l'exercice 1880 s'éleva de suite à 21 fr. 88 et celui de l'exercice suivant à 43 fr. 80.

La part introduite sur le marché de Paris aux environs de 500 francs, eut un cours moyen de 597 francs en 1880 ; elle bondit brusquement à 1.264 en 1881. Depuis, elle n'a pas cessé de progresser, et nous savons que son cours moyen de 1905 s'est établi à 3.257 fr., avec un revenu brut de 126 fr. 33.

En groupant ces éléments, on arrive aux résultats que voici :

Capital et Revenu des actions et de la part de 15 0/0 dans les bénéfices du *Canal de Suez*, cédées par le gouvernement égyptien en 1875 et 1880.

Titres appartenant à l'origine au Gouvernement égyptien	Prix de la cession	Valeur aux cours moyens de 1905	Revenu des titres en 1905
	Francs	Francs	Francs
1° 176.602 actions vendues en 1875 au Gouvernement anglais..	100.290.000	787.822.000	26.725.000
2° Cession des 15 0/0 sur les bénéfices à la *Société Civile*......	(1) 22.000.000	275.239.000	10.676.000
Totaux........	122.290.000	1.063.061.000	37.401.000

S'il fallait un exemple brutal pour montrer les conséquences désastreuses que l'administration d'Ismaïl a eues pour l'Egypte, le tableau ci-dessus nous le fournirait. En 1870, lors de l'emprunt de la *Daïra-Sanieh*, le Khédive donna en gage à cet emprunt les domaines de la Daïra-Sanieh qui devaient faire retour au gouvernement égyptien après le remboursement des obligations émises. Il en fut de même, en 1878, pour l'emprunt des *Obligations domaniales* qui reçut, comme gage spécial, les biens de la famille khédiviale... Et on sait que la liquidation de ces deux emprunts laissera un très important *bonus* au gouvernement égyptien.

Si, au lieu d'aliéner définitivement ses 176.602

---

(1) Il s'agit ici du prix que le *Crédit Foncier* a reçu de la *Société Civile*, et il est à supposer que les 22 millions représentaient le solde d'une créance.

actions de Suez et ses 15 0/0 dans les bénéfices nets de la Compagnie, Ismaïl s'était contenté de contracter, en 1875, un emprunt de 150 millions de francs ayant ce gage spécial : même en payant 7 0/0 d'intérêt — comme il le fit pour l'emprunt des *Obligations domaniales* — c'est-à-dire 10 millions 500.000 francs d'intérêt annuel, il aurait fait une excellente opération pour les finances égyptiennes, car dès l'année 1895, les 176.602 actions ayant touché un dividende de 17.500.000 fr. et les parts de la *Société civile* 6.300.000 fr. environ, le gouvernement égyptien aurait pu liquider l'emprunt par voie de conversion et rentrer en possession de tous ses avantages.

Il est vrai que, pendant 19 ans, il aurait payé chaque année 10.500.000 fr. d'intérêt au lieu des 5 millions qu'il a versés au gouvernement anglais pendant toute cette période ; mais cette économie de 104.500.000 fr. lui a fait perdre : 1° les 70 millions de francs que la *Société civile* a encaissés entre 1880 et 1895 ; 2° les 314 millions de francs que les 176.602 actions et les parts de la *Société civile* ont reçus pour les exercices 1896 à 1905 inclus ; 3° et peut-être 3 milliards de francs que ces mêmes actions et parts encaisseront de 1906 à 1968, date de l'expiration de la concession de la Compagnie.

B. — *Chemins de fer*

En 1877, année qui suivit la création de la *Caisse de la dette publique*, les recettes brutes des Chemins de fer de l'Etat égyptien s'élevèrent à 30 millions 400.000 francs avec une longueur exploitée de 1.519 kilomètres et un matériel roulant composé de 427 voitures à voyageurs, 4.636 wagons à marchandises et 240 locomotives. Les chemins de fer de l'Etat égyptien transportèrent cette année-là 2.265.000 voyageurs et 688.000 tonnes de marchandises.

A cette époque, la situation de ce réseau n'était pas plus brillante que celle des finances du pays et le régime spécial que le fonctionnement de la Caisse de la dette lui imposa jusqu'en 1885 ne lui fut guère favorable.

En effet, en vertu des arrangements internationaux conclus en 1876, les recettes nettes des chemins de fer de l'Etat devaient chaque année être versées à la Caisse de la dette pour assurer le service de la *Dette Privilégiée*, et l'Administration de ces chemins de fer, enfermée dans les limites d'un coefficient d'exploitation extrêmement bas et n'ayant aucun crédit pour les dépenses nouvelles, ne pouvait songer ni à développer son réseau, ni même à améliorer son matériel déjà insuffisant.

La grande loi de liquidation de 1880 laissa subsister cet état de chose défectueux, mais lors de l'emprunt 1885, émis sous la garantie des Puissances représentées au Conseil de la dette, on porta le coefficient d'exploitation des chemins de fer de l'Etat (qui avait oscillé entre 33,5 et 42,8 0/0 de 1877 à 1885) à 45 0/0 des recettes brutes, et on consacra 25 millions de francs à la réfection du matériel et des voies.

En 1886, la longueur du réseau et l'effectif du matériel roulant étaient restés sensiblement les mêmes qu'en 1877, mais le nombre des voyageurs transportés avait atteint 3.223.000, le tonnage des marchandises 1.274.000 tonnes, les recettes totales 1.267.000 liv. ég. ou 32.940.000 fr. et 699.000 liv. ég. de recettes nettes — soit un coefficient d'exploitation de 44,8 0/0 — furent versées à la Caisse de la dette.

On réalisa, cependant, quelques progrès sérieux entre 1890 et 1904, dernier exercice du régime de 1876, grâce à une cinquantaine de millions de francs que le Gouvernement égyptien put obtenir soit par l'emprunt, soit par des prélèvements sur le fonds de réserve général et spécial. En 1904, le réseau de l'Etat possédait 2.328 kilomètres en exploitation : son matériel roulant avait doublé d'importance par rapport à 1877 ; le nombre des voyageurs transportés atteignit 17.725.000, le tonnage des marchandises 3.530.000 tonnes ; quant aux recettes brutes elles s'élevèrent à 2.603.000 liv. ég. laissant un produit net de 1.233.000 liv. ég., chiffre qui ne s'était jamais réalisé jusqu'alors.

Pour protéger les recettes des chemins de fer de l'Etat contre la concurrence de la navigation fluviale, on avait établi, antérieurement à 1877, des droits de circulation sur le Nil et ses canaux qui prohibaient, en quelque sorte, les transports par barques, ou par bateaux à vapeur. A la fin de 1900, ces droits furent complètement supprimés et, pour donner une idée de l'impulsion que cette réforme bienfaisante donna à la navigation fluviale, il nous suffira de dire que le nombre des barques franchissant l'écluse du barrage du Delta est passé de 15.867 barques en 1898 à 41.740 barques en 1904, et à l'écluse d'Aft, unissant le Nil au canal Mahmoudieh, on a constaté le passage de 22.000 barques en 1905, contre seulement 4.564 en 1900.

Mais en même temps qu'on supprimait les droits de péage sur le Nil, on réduisait très sensiblement les tarifs de transport des marchandises sur les chemins de fer de l'Etat, et le tonnage, qui n'avait porté que sur 3.056.000 tonnes en 1899, s'est élevé à plus de 3.646.000 tonnes en 1905 ; quant aux recettes des marchandises, après avoir un moment baissé en raison de la double influence de la réduction des tarifs, et de la concurrence des barques, elles ont atteint 1.678.000 livres égyptiennes en 1905, contre 1.413.000 liv. ég. en 1899.

Après la conclusion de l'entente franco-anglaise de 1904, le gouvernement égyptien, d'accord avec les puissances intéressées, promulgua un décret (28 novembre 1904) annulant l'ancien régime de l'Administration des chemins de fer de l'Etat égyptien et plaçant, à partir du 1er janvier 1905, cette

Administration, ainsi que celle des télégraphes, sous la direction et le contrôle unique du ministère des Travaux publics.

Une commission spéciale fut nommée pour étudier le programme des nouveaux travaux et améliorations que le développement du trafic, survenu depuis quelques années, rendait indispensables et après avoir établi qu'il faudrait dépenser au moins 1 million de livres égyptiennes par année, pendant les années 1906, 1907 et 1908, elle a tracé les grandes lignes de la nouvelle Administration qui a comme haut personnel : un directeur général, un chef du service de l'exploitation, un ingénieur-mécanicien en chef, un ingénieur en chef de la voie et des travaux, un chef du service des marchandises et un contrôleur général de la comptabilité.

Le tableau ci-dessous résume les résultats de l'exploitation des chemins de l'Etat égyptien pendant la période 1877-1905 :

Recettes et dépenses des Chemins de fer de l'Etat Egyptien pendant quelques années choisies.

Années	Longueur exploitée	Recettes brutes		Recettes totales	Dépenses d'exploitation	Recettes nettes
		Voyageurs	Marchandises			
	kilom.	(En milliers de L. E.)				
1877.	1.519	337	781	1.173	514	659
1886.	1.519	448	771	1.287	568	699
1890.	1.547	412	958	1.409	610	799
1899.	1.956	672	1.413	2.112	950	1.162
1904.	2.309	1.188	1.401	2.603	1.370	1.233
1905.	2.706	1.313	1.678	2.991	1.664	1.327

L'année 1877 fut la première année du régime créé par l'organisation de la Caisse de la dette. L'année 1886 a immédiatement suivi la Convention de Londres de 1885 qui modifia légèrement ce régime. L'année 1890 commence la période des extensions du réseau. L'année 1899 est la dernière de l'existence des droits de péage sur le Nil. L'année 1904 marque la fin de l'ancien régime et l'année 1905 le point de départ de la nouvelle organisation.

Entre 1902 et 1905 inclus, il a été consacré 48 millions de francs en dépenses de premier établissement et, au commencement de 1906, le réseau avait un matériel roulant deux fois plus important que celui dont il disposait en 1890. Ajoutons, pour montrer par un nouveau fait la croissance rapide de l'activité économique de l'Egypte, pendant les dix dernières années, que le nombre des voyageurs transportés par les chemins de fer de l'Etat, qui n'était que de 9.854.000 en 1896, s'est successivement élevé à 12.564.000 en 1902, à 14.952.000 en 1903, à 17.725.000 en 1904 et à 20.036.000 en 1905.

Le tableau suivant, donnant des détails plus complets sur l'exploitation des années 1896 et 1905, est d'ailleurs significatif : Il constate, en effet, que le mouvement des voyageurs a plus que doublé ; que le transport des marchandises a augmenté de 43 0/0 et que les recettes brutes ont suivi une progression analogue.

Principaux éléments de l'exploitation des chemins de fer de l'État égyptien en 1896 et 1905

Désignation	1896	1905
Longueur du réseau exploité..... Kil.	1.839	2.800
Nombre de voyageurs transportés :		
1re classe	156.997	358.514
2e classe................................	1.082.980	1.656.650
3e classe.	8.614.387	18.021.260
Total..........	9.854.364	20.036.424
Marchandises transportées.. (Tonnes)		
Coton.....................................	288.676	307.120
Graines de coton.......................	376.635	407.967
Céréales.................................	248.120	418.903
Sucres et mélasses....................	113.720	153.860
Charbon.................................	411.506	613.760
Diverses.................................	1.113.170	1.654.158
Totaux tonnes..........	2.551.827	3.645.768
Recettes brutes .... L. E.	1.820.970	2.990.862
Par kilomètre exploité .... L. E.	990	1.295
Dépenses d'exploitation........ L. E.	787.931	1.664.200
Par kilomètre exploité........ L. E.	428	721
Recettes nettes.................. L. E.	1.033.039	1.326.662
Par kilomètre exploité........ L. E.	562	574
Coefficient d'exploitation...............	43 3 0/0	55 7 0/0

Et ce tableau n'est lui-même qu'une éxpression imparfaite du développement agricole, industriel et commercial de l'Egypte, à dix années d'intervalle, car il ne faut pas perdre de vue que depuis 1900 la suppression complète des droits de circulation sur le Nil a permis à la navigation fluviale de faire aux chemins de fer une concurrence dont les indications précédentes montrent l'importance croissante.

On peut en conclure que la circulation des marchandises à l'intérieur de l'Egypte a au moins doublé de volume et peut-être triplé de valeur entre 1896 et 1905, et ce qui le prouve c'est que le nombre des animaux vivants transportés par les chemins de fer de l'Etat — auxquels la batellerie ne peut faire, pour cet objet spécial, qu'une concurrence insignifiante — est passé de 184.202 bêtes en 1896 à 408.836 bêtes en 1905.

Le réseau des chemins de fer de l'État est actuellement formé d'une artère principale qui part d'Alexandrie, traverse le Delta jusqu'au Caire et remonte la vallée du Nil jusqu'à Assouan-Challal, au-dessus de la première cataracte. De cette artère, dont la longueur totale est de 1.103 kilomètres (un peu plus que la distance du Havre à Marseille), se détachent, entre Alexandrie et le Caire, plusieurs lignes secondaires qui desservent les principales villes du Delta et qui sont elles-mêmes enveloppées dans un réseau de chemins de fer à voie étroite appartenant à l'*Egyptian Delta Light R.* (830 kil.), pour les provinces de Behera, de Gharbieh et de l'Est, et à la *Compagnie de la Basse-Egypte* (109 kil.)

A 92 kilomètres au Sud du Caire se détache encore la ligne de Wasta au Fayoum, qui est elle-même desservie par le réseau à voie étroite de la *Fayoum Light R.*, d'un développement de 168 kilomètres.

Par ces diverses lignes, le Caire se trouve à

208 kil. d'Alexandrie, à 895 kil. d'Assouan-Challal, à 140 kil. de Mansourah, à 203 kil. de Damiette, à 81 kil. de Zagazig, à 157 kilomètres d'Ismaïlia, à 234 kilomètres de Port-Saïd et à 239 kil. de Suez. La ligne latérale du Canal, de Port-Saïd à Suez, a un développement total de 155 kilomètres.

La marche des trains n'est un peu rapide que sur la grande ligne à double voie d'Alexandrie au Caire, où les express roulent à 62 kil. à l'heure. Entre le Caire et Louxor, la vitesse des mêmes express n'est plus que de 48 kil. et elle tombe même à 31 kil. entre Louxor et Assouan.

Les trains les plus rapides mettent cinq heures ponr aller du Caire à Port-Saïd, soit une moyenne de 47 kilomètres à l'heure.

Au mois d'août 1906, l'Administration des chemins de fer de l'Etat a acquis 633 kilomètres de chemins de fer agricoles appartenant à la *Société Générale des Sucreries et de la Raffinerie d'Egypte* :

1° Le réseau de l'Ibrahimieh, desservant les usines sucrières au nord d'Assiout: Rodah, Abou-Kourgas, Minia, Matoy, Maghagha et Beba ; 2° le réseau du Sud, spécialement construit pour les usines de Motana, Erment et Dabayeh. Ces deux réseaux, dont l'écartement des rails correspond à la voie normale de 1ᵐ50, avaient comme matériel roulant 67 locomotives et 2.046 wagons : ce matériel sera complété pour le service des voyageurs qui s'y effectuera dans de nouvelles conditions.

La Société des Sucreries n'a conservé que quelques lignes à voie étroite réservées exclusivement au transport des cannes aux usines et au service des champs de culture.

Indépendamment des chemins de fer de l'Etat et des chemins de fer agricoles rachetés à la *Société générale des Sucreries et de la Raffinerie d'Egypte*, il existe aujourd'hui en Egypte un important réseau de tramways électriques desservant le centre et la banlieue du Caire et d'Alexandrie, et 1.145 kilomètres de chemins de fer à voie étroite appartenant aux trois Sociétés privées dont nous parlions plus haut.

Mouvement des voyageurs et des marchandises sur les lignes égyptiennes à voie étroite, pendant les trois dernières années.

Années	Delta Company	Comp. B.-Egypte	Fayoum Company
Voyageurs (nombre) :			
1903..................	3.637.000	668.000	479.000
1904..................	4.478.000	794.000	518.000
1905..................	4.683.000	886.000	545.000
Marchandises (tonnes) :			
1903..................	472.000	55.000	117.000
1904..................	746.000	56.000	169.000
1905..................	623.000	69.000	144.000

Le rapport de lord Cromer disait à leur sujet en 1905 :

Tous ces chemins de fer ont bénéficié, en fait, de la hausse générale du niveau de prospérité dans le pays. Les deux premiers d'entre eux, et non, j'ai le regret de devoir le dire, les *Chemins de fer du Fayoum*, doivent probablement aussi le progrès réalisé à l'efficacité d'une sage administration.

Ils ont, chacun d'eux, soulevé des plaintes nombreuses du fait des irrégularités survenues dans les heures d'arrivée et de départ des trains.

En ce qui regarde la *Compagnie du Delta*, elle a amélioré, d'une façon générale, ses tracés et son exploitation. Elle a acquis des locomotives d'un bon modèle, mais le matériel roulant est, dit-on, mauvais, et un certain nombre de voitures à voyageurs paraissent peu adaptées à leur objet.

La *Compagnie de la Basse-Egypte* est bien outillée et administrée ; son matériel est soigneusement entretenu, mais la voie a besoin de plus de surveillance.

L'inspecteur du Gouvernement donne un rapport très défavorable sur la *Compagnie du Fayoum*, qui se trouve avoir grandement besoin d'un directeur compétent. « Le personnel, « écrit-il, n'est soumis à aucune discipline et le service du « mouvement, comme celui des machines, ont apparemment « l'un et l'autre été abandonnés à eux-mêmes » Selón lui, l'augmentation des recettes serait, en ce qui regarde ce chemin de fer, entièrement due au grand accroissement de la prospérité dans le Fayoum et non point à une gestion capable de la part de la Compagnie.

Les mêmes reproches à l'égard de la *Compagnie du Fayoum* se retrouvent dans le rapport de 1906, qui contient cette phrase menaçante : « La Compagnie a été avisée que si, à une certaine date, elle n'a pas amélioré les conditions de son exploitation, le gouvernement, en vue de sécurité publique, exercera le pouvoir qu'il s'est réservé dans l'acte de concession, soit en suspendant l'exploitation des lignes, soit en s'en chargeant lui-même. »

En résumé, le gouvernement khédivial fait tout ce qu'il peut pour améliorer le service des chemins de fer, mais il lui reste encore beaucoup à faire, car pour plusieurs raisons — dont la principale est imputable au régime spécial de 1876, qui a seulement cessé au 1er janvier 1905 — il n'existait pas de pays dans le monde où les conditions du transport des voyageurs et des marchandises fussent plus défectueuses qu'en Egypte. On a donc le droit d'espérer qu'avec la nouvelle organisation un changement rapide se produira en faveur des intérêts de l'agriculture, de l'industrie et du commerce égyptiens.

C. — *Navigation maritime*

Il existe en Egypte cinq ports maritimes : Alexandrie, Port-Saïd, Suez, Damiette et El-Kosseir ; mais la presque totalité du commerce extérieur égyptien s'effectue par Alexandrie, car en 1905, sur un ensemble de 41.924.000 liv. ég. de marchandises importées en Egypte ou exportées à l'étranger, 38.303.000 liv. ég. de ces marchandises sont passées par ce port.

L'accord international de 1876 ayant délégué au service de la Caisse de la dette publique, les recettes nettes du port d'Alexandrie — ainsi que celles des chemins de fer de l'Etat et des télégraphes — le gouvernement égyptien ne disposait que de crédits insuffisants pour apporter à son outillage et à son aménagement les améliorations que le développement rapide du tonnage rendait nécessaires. L'entente franco-anglaise a modifié la situation : A partir du 1er janvier 1905, le service du port d'Alexandrie a été détaché de l'Administration de la dette, et un décret du 23 mars suivant l'a rattaché à la Direction générale des ports et phares, qui dépend elle-même du ministère des Finances égyptien.

En moins de 15 années, le tonnage général du port d'Alexandrie, traduisant fidèlement le développement du commerce extérieur de l'Egypte, a doublé d'importance :

Mouvement général du port d'Alexandrie
de 1890 à 1905 inclusivement (vapeurs et voiliers).

Années	Entrées		Sorties		Total des entrées et sorties	
	Navires	Tonneaux	Navires	Tonneaux	Navires	Tonneaux
1890.........	2.019	1.632.220	2.020	1.613.800	4.039	3.246.020
1895.........	2.393	2.206.667	2.339	2.194.964	4.732	4.401.631
1900.........	2.830	2.375.619	2.784	2.364.672	5.614	4.740.291
1901.........	2.882	2.561.259	2.877	2.549.735	5.759	5.110.994
1902.........	2.922	2.613.702	2.892	2.641.039	5.814	5.254.741
1903.........	3.446	2.781.912	3.417	2 868.858	6.863	5.590.770
1904.........	4.021	3.207.091	4.021	3 201.472	8.042	6.409.463
1905.........	4.611	3.591.281	4.518	3.552.087	9.129	7.144.268

Ainsi donc, le mouvement général du port d'Alexandrie, qui ne portait (entrées et sorties réunies) que sur 4.039 navires et 3.246.020 tonneaux en 1895, est passé à 9.129 navires et 7.144.268 tonneaux en 1905 : soit, au point de vue du tonnage, une augmentation de 120 0/0.

Entre 1898 et 1904, on n'avait pu consacrer qu'une somme totale de 5.500.000 fr. pour les travaux d'amélioration du port; mais après l'accord franco-anglais un crédit de 5.250.000 fr. fut immédiatement ouvert et, en 1905, un programme de nouveaux travaux, comportant 14 millions de francs de dépenses, a été décidé. D'après lord Cromer, les travaux avancent rapidement; on aura terminé deux nouveaux quais de débarquement de marchandises avec docks vers le milieu de 1907 et deux autres en 1908. Deux nouveaux quais à charbon sont achevés depuis 1905 et deux autres l'ont été dans le courant de 1906.

Pour montrer la nécessité de ces travaux d'agrandissement, il nous suffira de dire que le port d'Alexandrie, qui n'avait reçu que 612.000 tonnes de charbon et 496.000 liv. égypt. de bois de construction en 1895, a vu ces mêmes arrivages atteindre les chiffres de 1.023.000 tonnes et 1 million 266.000 liv. égypt. en 1905.

La décomposition du mouvement du port d'Alexandrie par pavillon mérite notre attention :

Mouvement par pavillon du port d'Alexandrie en 1895 et 1905

| Pavil-lons | Entrées et Sorties réunies | | | | | |
| | 1895 | | 1905 | | Différence en 1905 | |
	Na-vires	Ton-neaux	Na-vires	Ton-neaux	Na-vires	Ton-neaux
Angleter.	1.242	1.798.302	1.594	3.029.400	+ 352	+1.231.098
Autriche.	296	465.619	290	613.445	— 6	+ 147.826
Italie....	269	458.228	428	666.905	+ 159	+ 208.677
Turquie.	1.972	498.976	5.385	665.453	+ 3.413	+ 166.477
France ..	277	578.693	266	648.001	— 11	+ 69.308
Russie ..	155	307.930	174	372.773	+ 19	+ 64.843
Divers ..	521	293.883	992	1.148.291	+ 471	+ 854.408
Totaux.	4.732	4.401.631	6.129	7.144.268	+ 4.397	+2.742.637

En 1895, le pavillon anglais représentait 40,8 0/0 du tonnage total du port d'Alexandrie. En 1905, grâce à une augmentation de 1.231.098 tonnes constatée entre les deux dates, la part des navires anglais dans l'ensemble s'élève à 42,4 0/0.

Pendant cette période décennale, le pavillon italien a gagné 208.677 tonnes, le pavillon turc 166.477 tonnes, le pavillon austro-hongrois 147.826 tonnes, le pavillon russe 64.843 tonnes : quant au pavillon français son augmentation a été de 69.308 tonnes, mais sa proportion dans l'ensemble, qui atteignait 13,1 0/0 en 1895, a reculé à 9,1 0/0 en 1905.

C'est un fâcheux résultat pour le pays, qui détient la plus grosse partie des fonds publics égyptiens et qui arrive en seconde ligne dans les transactions commerciales de l'Egypte.

Le développement de la prospérité économique et financière survenue depuis une dizaine d'années a augmenté d'une manière considérable le mouvement des passagers entre l'Egypte et l'Europe. On estime que le nombre des passagers débarqués à Alexandrie et à Port-Saïd en 1895 n'avait pas été supérieur à 40.000 ; il s'est successivement élevé, en exceptant les troupes, à 60.000 en 1902, à 74.000 en 1903, à 90.400 en 1904 et à 99.922 en 1905.

Dans ces chiffres, les touristes proprement dits doivent figurer pour environ un tiers. « L'argent introduit dans le pays au moment de la saison par les touristes — dit M. Roussin dans le rapport déjà cité – doit s'élever à un montant très considérable, lequel augmente constamment. Il est difficile d'établir, à cet égard, une évaluation de quelque exactitude ; mais il est probable que ce montant doit dépasser 25 millions de francs par an. Il est en partie contrebalancé par les sommes dépensées au-dehors par les Egyptiens, y compris les frais de passage. »

D'après les appréciations d'un des directeurs de l'Agence Cook, que nous avons spécialement consulté à cet effet, les touristes étrangers ont dépensé en Egypte au moins 40 millions de francs en 1905, mais, d'après une très intéressante étude publiée en juillet 1905 par M. Raoul Canivet, dans la *Revue Internationale d'Egypte* dont il est le directeur, cette somme serait loin de compenser les dépenses que les Egyptiens et les étrangers établis en Egypte viennent faire eux-mêmes en Europe chaque été.

« Partir en Europe pendant les mois plus chauds, écrit M. Raoul Canivet, est devenu plus qu'une nécessité, une mode. Les anciens Egyptiens racontent qu'il n'en allait pas ainsi naguère sans que l'on s'en portât plus mal pour cela. Ce qu'il y a de certain c'est que le déplacement estival tend à devenir la règle. L'exemple vient de haut d'ailleurs et de juillet à fin octobre nos gouvernants nous abandonnent. Ce n'est plus un régent qu'il faut, c'est deux régents qui suffisent à peine à l'interrègne. Les agents diplomatiques suivent les ministres : les secrétaires d'ambassade les remplacent, comme les vice-consuls suppléent les titulaires des consulats ; quant à la magistrature, elle émigre en masse et tel bateau emporte la Cour et les Tribunaux presque au complet. Les chefs des banques, des grandes maisons de commerce, les agents, les courtiers, les remisiers les suivent. C'est la désertion générale....

« Nous ne nous plaignons pas, nous constatons et, au point de vue économique, nous remarquons que si la balance du commerce est favorable à l'Egypte et s'il y entre, d'après la statistique, plus de livres sterling qu'il n'en sort, nos voyageurs savent rétablir l'équilibre. L'Egypte rend l'été ce qu'elle a reçu l'hiver de l'étranger.

« Dans son rapport, lord Cromer écrit : J'ai exposé dans mon dernier rapport annuel que 60.000 personnes en 1902 et 74.000 en 1903 avaient *débarqué* à Port-Saïd et à Alexandrie. En 1904 le nombre total s'est élevé à 90.000. Ces chiffres comprennent toutes les classes de passagers à l'exception des troupes. Je ne saurais dire avec exactitude pour quel chiffre y figurent les visiteurs d'hiver, mais il ne saurait exister de doute que le nombre en a été bien moindre que celui des résidents égyptiens qui rentrent après avoir passé en Europe la saison d'été.

« Admettons, cependant, que la moitié des débarqués soient des étrangers venus pour passer ici les mois d'hiver, soit 45.000 ; éliminons ensuite comme immigrants encore la moitié, il nous reste 22.500 personnes que nous avons le droit de compter comme des Egyptiens revenant d'Europe.

« Si ces voyageurs dépensent 200 livres en moyenne — ce qui est un chiffre très modeste — dans l'année 1904 ils ont laissé en Europe, 4.500.000 livres, soit un peu plus de 112 millions de francs. »

En faisant le même calcul pour l'année 1905 on arriverait au chiffre de 50.000 touristes ayant laissé en Egypte une moyenne de 800 francs par personne et de 25.000 Egyptiens dont les dépenses en Europe — y compris les frais de passage — atteindraient 125 millions de francs.

Conclusions

Du 18 novembre 1876, date de l'établissement du *condominium* franco-anglais en Egypte, au mois de juillet 1882, la France et l'Angleterre, alliées, exercèrent une action politique commune dans la vallée du Nil : Nous avons expliqué en quelles circonstances les deux puissances se divisèrent et comment le cabinet français, présidé par M. de Freycinet, après avoir refusé de participer au bombardement d'Alexandrie (11 juillet 1882) et d'intervenir militairement contre Arabi, en dehors du concert européen, fut mis en minorité (29 juillet 1882) sur la question du crédit de 9.410.000 fr. qu'il demandait pour coopérer, avec l'Angleterre, à la défense du canal de Suez dans le cas où cette œuvre, essentiellement française, aurait été attaquée par les insurgés.

L'Angleterre, abandonnée par nous, prit alors devant l'Europe l'entière responsabilité des affaires égyptiennes et l'histoire des vingt-trois dernières années prouve qu'elle a pu gouverner ce pays comme une simple colonie de la couronne sans jamais avoir été sérieusement inquiétée par les puissances signataires du traité de Berlin.

Mais que serait-il arrivé si notre Chambre des députés avait accepté la proposition du ministère

Gladstone, se contentant de notre intervention préventive dans le canal de Suez ? Aurions-nous conservé en Egypte, à côté de la Grande-Bretagne, la situation que nous avions avec le *condominium* et qui était alors égale à la sienne ?

C'est peu probable, car le gouvernement anglais ayant assumé tous les risques et tous les frais du *rétablissement de l'ordre*, aurait eu la prétention, d'ailleurs assez naturelle, de prendre dans l'administration égyptienne une place prépondérante, et son influence auprès du khédive, restauré par ses armes, aurait toujours dominé l'influence française.

Il en serait résulté entre les deux pays des discussions, des froissements, des difficultés de toute nature qui auraient certainement altéré leurs bonnes relations... et nul ne pourrait affirmer aujourd'hui que le refus de la Chambre française de 1882 de participer, sous une forme quelconque, à la répression de l'insurrection égyptienne n'ait pas été, en fin de compte, favorable aux intérêts extérieurs de la France.

Pour l'Egypte, il n'y a pas de doute possible et nous devons loyalement reconnaître que l'Angleterre, restée seule maîtresse de ses destinées, lui a imposé des réformes d'ordre social, économique et financier qui ont apporté à sa population un degré de bien-être, une sécurité du lendemain jusqu'alors inconnus, et que le gouvernement khédivial — lié à la fois par le *condominium* et par son état de vassalité à l'égard de la Porte — n'aurait jamais pu réaliser.

Toute la question est de savoir maintenant si la prospérité de l'Egypte, mise en relief dans les chapitres précédents, est assise sur des bases vraiment solides et si l'occupation anglaise, à laquelle l'Egypte actuelle est redevable de cette prospérité, restera toujours une nécessité pour ce beau pays.

En 1895, sir E. Palmer, conseiller financier du gouvernement égyptien, publiait un rapport sur la dette hypothécaire de l'Egypte établissant que la superficie cultivée avait alors 4.721.000 feddans sur lesquels 395.000 étaient hypothéqués pour une somme totale de 7.323.000 liv. ég. La fortune immobilière de l'Egypte ayant été estimée à 120 millions de livres égyptiennes, le montant de la dette hypothécaire représentait 6,10 0/0 de la valeur globale du sol,

Le Dr Alfred Eïd, vice consul de Belgique au Caire et l'un des administrateurs les plus compétents de la *Caisse hypothécaire d'Egypte*, a démontré, dans un récent rapport adressé à son gouvernement, que sir E. Palmer avait négligé, dans ses calculs, plusieurs éléments importants et qu'il fallait porter à environ 11 millions de livres égyptiennes le chiffre de cette dette en 1895, soit 9 0/0 de la valeur globale du sol cultivé.

D'après le Dr Alfred Eïd, dont les évaluations reposent sur des chiffres soigneusement contrôlés, l'ensemble de la dette hypothécaire de l'Egypte au commencement de 1906 est résumée par le tableau suivant :

Dette hypothécaire de l'Egypte en 1906
(En livres égyptiennes)

	Dette	Charges
1° Sommes dues par les débiteurs hypothécaires aux Banques	20.600.000	1.277.200
2° Sommes dues aux Sociétés diverses et aux particuliers...	7.645.000	562.100
3° Sommes dues sur terrains vendus à terme................	10.752.720	591.360
Total..............	38.997.720	2.430.660

Soit, à dix années d'intervalle, une augmentation de 31.674.000 livres égyptiennes ou 820 millions de francs. Mais en 1895, les débiteurs hypothécaires payaient en moyenne 8 0/0 d'intérêt contre 6.23 0/0 en 1905 et M. Alfred Eïd fait judicieusement remarquer que depuis 1895 : 1° la population de l'Egypte a augmenté de près de 50 0/0 ; 2° la superficie cultivée est passée de 4.721.300 à 5.443.000 feddans ; 3° la valeur globale de la propriété rurale, estimée par sir E. Palmer à 120 millions de livres égyptiennes en 1895, a presque triplé en 1905.

« D'autre part, ajoute-t-il, le montant de la dette, établi par sir Palmer en 1895, ne concerne que la dette rurale. Il nous faut donc, pour pouvoir faire le parallèle, déduire de la dette hypothécaire actuelle, un cinquième, représentant le montant des prêts sur des propriétés urbaines, soit 39 millions de livres égyptiennes moins 7.800.000 livres égyptiennes, ce qui donnerait 31 millions 200.000 livres égyptiennes. Nous obtenons alors le rapport exact entre la dette rurale et la valeur du sol, soit 8.9 0/0.

En effet, dans une étude publiée en 1905 sur la

Fortune immobilière de l'Egypte, le savant statisticien belge donnait l'évaluation suivante des terres alors cultivées :

Superficie et valeur des terres de l'Egypte cultivées en 1905

Désignation	Superficie	Evaluation
	Feddans	Liv. égyp.
Terres à coton............. ..	3.830.000	266.000.000
— à sucre	154.000	11.559.000
— à cultures interméd^{es}..	1.059.000	74.362.466
Totaux.	5.443.000	351.912.466

Ce tableau ne comprend ni la valeur des propriétés bâties, ni celles des propriétés urbaines dont l'évaluation n'a pas encore été faite. Pour la ville du Caire seulement, on estime que la valeur des terrains et des constructions n'est pas inférieure aujourd'hui à 75 millions de livres égyptiennes.

Les calculs de M. Alfred Eïd, basés sur le rendement des terres cultivées, montrent donc que le feddan valait en Egypte environ 64 liv. égyp. 05, c'est-à-dire 3.900 fr. l'hectare en 1905, contre seulement 25 liv. égyp. 63 le feddan ou 1.580 francs l'hectare en 1895. Cet énorme accroissement de valeur est-il réellement justifié et le revenu actuel des propriétés agricoles du Delta, de la Moyenne et de la Haute-Egypte se trouve-t-il en rapport avec leur nouvelle évaluation ? Plusieurs faits nous permettent de le croire.

Nous avons parlé, au chapitre de l'Agriculture, du morcellement des terrains de l'*Administration des Domaines* — créée en 1879 pour gérer les propriétés khédiviales données en gage aux porteurs

de l'emprunt Rothschild — et des terrains de la
Daïra-Sanieh, constituant aussi un gage hypothécaire, également administré par un conseil spécial : à
l'aide des rapports annuels de ces deux administrations, le Dr Alfred Eïd a établi que, depuis leur
origine jusqu'au 1er janvier 1901, elles avaient
vendu 322.292 feddans de terres pour un montant
de 6.201.517 liv. égypt., soit une moyenne de
19 liv. égyp. 24 le feddan, ou 1.190 fr. l'hectare. Et
qu'entre le 1er janvier 1901 et le 1er janvier 1906,
248.794 nouveaux feddans vendus aux particuliers,
représentaient une valeur de 10.454.175 liv. égyp.,
c'est-à-dire 42 liv. égyp. 02 le feddan ou 2.600 fr.
l'hectare.

Mais il ne faut pas perdre de vue que ces prix
de 1.190 fr. et de 2.600 fr. l'hectare ne constituent
que les moyennes des périodes 1880-1890 et 1891-
1906. Or, tout le monde sait en Egypte que ces
prix ont considérablement augmenté et qu'on ne
trouve plus de terres jouissant d'un bon régime
d'irrigation à moins de 4.000 fr. l'hectare.

Nous avons d'ailleurs vu, au Chapitre II, que le
prix moyen annuel de la location des terrains de
la *Daïra-Sanieh*, situés dans le rayon du canal
Ibrahimied, qui était à peine de 3,68 liv. ég. par
feddan en 1901, avait progressivement monté jusqu'à 7,27 liv. ég. en 1905. Exprimés en francs, ces
prix représentent une valeur locative de 227 fr.
par hectare pour 1901 et de 450 fr. pour 1905. Ce
simple fait démontre que le prix de 3.900 fr. l'hectare indiqué par le Dr Alfred Eïd comme valeur

moyenne actuelle des terres cultivées en Egypte, n'a rien d'exagéré.

Pour en donner une dernière preuve, il nous suffira de rappeler que la valeur des exportations égyptiennes, qui sont pour plus des neuf dixièmes des produits agricoles, est passée de 12.816 000 livres égyptiennes en 1895 à 20.360.000 liv. ég. en 1905, sans préjudice de la consommation indigène qui a dû, de son côté, augmenter dans une très notable proportion.

Quelles sont les causes qui ont produit cet extraordinaire accroissement de la fortune immobilière de l'Egypte ? Nous les avons successivement examinées dans les chapitres précédents, mais il convient de les résumer ici :

En première ligne il faut placer l'administration anglaise qui a ramené l'ordre et la prospérité dans les finances publiques et assuré au pays une tranquillité dont il avait absolument besoin après les règnes désastreux d'Ismaïl et de Tewfik-Pacha.

Cette prospérité et cette tranquillité ont permis au gouvernement égyptien de reprendre l'œuvre de Méhémet-Ali et de lui donner même une extension que le grand khédive n'avait point prévue.

Le grandiose barrage d'Assouan et le réservoir complémentaire d'Assiout ont déjà profondément transformé le régime économique de l'Egypte et on peut affirmer aujourd'hui que les années de *vaches maigres* y disparaîtront totalement lorsque l'exécution des nouveaux travaux d'irrigation projetés dans le Soudan aura complètement régularisé le débit du fleuve nourricier.

Mais les grands travaux hydrauliques n'auraient donné que des résultats incomplets si le gouvernement n'avait réalisé une série d'heureuses réformes en faveur de l'agriculture indigène. Après avoir abaissé les taxes foncières et aboli la corvée qui était la plus lourde des charges pesant sur les fellahs depuis les temps les plus reculés, il a supprimé les droits de navigation sur le Nil, augmenté le réseau des routes et des voies ferrées agricoles et sensiblement réduit les tarifs de chemins de fer : ce qui a facilité le transport à bas prix des produits agricoles sur Alexandrie ou vers les centres populeux de l'Egypte.

Il a entièrement fait disparaître les droits d'octroi dans tout le pays et la taxe des moutons et des chèvres. Enfin, pour rendre accessible aux fellahs les terrains domaniaux vendus chaque année et leur permettre d'augmenter la valeur de leurs récoltes, il a énergiquement favorisé le développement du crédit agricole et provoqué, par des mesures intelligentes, l'importation sur une large échelle de capitaux étrangers dans le pays.

Grâce à ces mesures, la dette hypothécaire des propriétés rurales égyptiennes a augmenté de 20 millions de liv. ég. ou de 520 millions de francs en dix années et, loin de regretter cet accroissement, il faut, au contraire, s'en féliciter, car on sait par des preuves irrécusables que les nou-

velles charges qu'il fait supporter à la population agricole sont très sensiblement inférieures
aux bénéfices qu'elle en retire.

« Nous avons de nombreuses preuves, lisons-nous
dans le rapport du Dr Alfred Eïd, pour pouvoir affirmer que les emprunts hypothécaires en Egypte n'ont
pas passé en dépenses somptuaires, sauf quelques
exceptions, provenant généralement du fait de certains
fils de famille prodigues, comme il en existe dans tous
les pays.

« D'abord, la campagne égyptienne ne connaît ni
forêts ni territoires de chasse ; les jardins de plaisance
y sont rares et de petite étendue. Il s'ensuit que les
terrains improductifs et d'un entretien dispendieux
sont réduits au minimum.

« De leur côté, les constructions campagnardes n'ont
pas absorbé, elles non plus, de grandes sommes. Jusqu'à présent, le fellah vit dans une hutte. Quant au propriétaire rural, même aisé, la maison qu'il habite est
restée d'une simplicité toute spartiate ; enfin, la fru-
galité et les modestes besoins du fellah sont connus.

« A côté de ces preuves négatives, nous en avons
d'autres positives, confirmant le fait que presque
tout l'argent emprunté en Egypte est passé à la
terre....

« Mais ce n'est pas seulement en achats de nouvelles
terres que l'argent des emprunts a été dépensé ; des
sommes, pour le moins tout aussi considérables, ont
été employées à l'amélioration des terres. Pour se faire
une idée de ces dépenses, il suffit de consulter les statistiques des douanes dans le développement de l'importation pour tous les produits pouvant contribuer
au perfectionnement de l'outillage agricole. A côté de
ces dépenses, il faut surtout signaler celles qui ont été
faites et qui continuent à se faire pour tous les travaux
de mise en valeur du sol. »

La prospérité actuelle de l'Egypte est donc assise

sur des bases très solides puisqu'elle est le résultat d'un plan de réformes bien conçu et dont l'exécution méthodique a au moins doublé la valeur de la production indigène.

C'est le même phénomène que nous observons depuis dix ans dans la République Argentine avec cette différence cependant qu'il s'est manifesté avec plus d'intensité en Egypte parce que la population y est beaucoup plus dense, la main-d'œuvre moins élevée, et les conditions du sol et du climat infiniment plus favorables à la culture intensive.

Cette prospérité continuerait-elle à progresser, ou pourrait-elle simplement se maintenir si les Anglais évacuaient l'Egypte et si l'administration locale redevenait absolument égyptienne ? Nous n'osons l'affirmer car la transformation économique du pays est de date trop récente, et a été trop brusque surtout, pour espérer que la population indigène, livrée à elle-même, puisse, sans préparation, se gouverner aussi sagement qu'elle l'est aujourd'hui.

Cette population est certainement très intelligente et possède de grandes facultés d'assimilation ; elle a déjà réalisé dans l'ordre moral et au point de vue administratif des progrès incontestables et on commettrait une absurdité en prétendant qu'elle ne sera jamais digne d'être affranchie de la tutelle étrangère. Mais dans cette question délicate il ne faut pas perdre du vue que l'Egypte, bien que devenue une véritable puissance par l'importance de sa population et le développement de ses ressources, appartient en droit, comme le Soudan égyptien, à l'Empire ottoman, dont l'intégrité, avons-nous déjà dit, est assurée par les traités de Paris (1856) et de Berlin (1875) sous le contrôle et la garantie du concert européen.

L'occupation anglaise a provisoirement suspendu son état de vassalité mais légalement cet état existe toujours et on doit se demander alors si l'évacuation rendrait l'Egypte plus libre, plus indépendante et surtout plus heureuse qu'elle ne l'est en ce moment.

Dans son rapport de 1906, lord Cromer après avoir montré la progression continue de la prospérité égyptienne ajoute :

« Quelles sont les circonstances qui pourraient arrêter cette croissance ? En premier lieu, l'on observera que le retrait complet soudain et du contrôle européen, ou l'adoption précipitée d'institutions trop avancées pour être en ce moment assimilées par les Egyptiens, pourraient l'un ou l'autre amener des conséquences désastreuses. Il surviendrait alors, probablement, une rechute dans la mauvaise administration du passé. Je ne vois, cependant, pas de raison pour que l'une ou l'autre de ces deux éventualités arrive. Il est facile de prédire l'avenir immédiat de l'Egypte. Le régime actuel ne subira aucun changement radical. Je ne saurais entreprendre de prédire l'avenir politique éloigné du pays ; mais il est permis d'affirmer, en considération des grands intérêts engagés, tant européens qu'indigènes, qu'on ne le laissera jamais choir de nouveau dans son état antérieur. »

La dernière observation est très juste et personne

ne peut désirer que l'Egypte retombe dans la situation misérable où elle se trouvait avant 1882. Le langage de lord Cromer s'explique donc très naturellement, mais il est cependant certain — ainsi que M. de Freycinet l'a si clairement établi dans son beau livre sur la *Question d'Egypte* — que les Anglais occupent dans la vallée du Nil deux positions également fausses. « En Egypte, où la convention du 8 avril 1904 n'a pas changé le fond des choses; au Soudan, où un contrat vicié par la base porte atteinte à la fois au pouvoir du khédive et au droit du concert européen. Malgré leur force matérielle, ils souffrent de ce rôle équivoque, peu propice aux longs desseins; leur génie colonisateur ne peut se déployer à l'aise. Ils aspirent assurément à une domination régulière, s'affirmant au grand jour. »

Et M. de Freycinet qui reconnaît que l'Angleterre a rendu de grands services à la civilisation et à l'Egypte, incontestablement plus florissante, plus riche et plus tranquille qu'avant 1882, dit en parlant du Soudan :

« Le Soudan lui-même, sorti des ténèbres où il était plongé depuis 1884, renaît à la vie et s'ouvre au progrès. Ses immenses ressources, à peine entrevues autrefois, ne font plus doute pour un esprit attentif. Le génie britannique, avec cette sûreté d'action qui le caractérise, saura promptement les mettre en valeur. Il les devinait déjà, lorsque, ayant fixé plus au nord la frontière méridionale de l'Egypte, il reprenait pour son propre compte les provinces équatoriales et le berceau du Nil. Maintenant, tout est libre, depuis le lac Victoria jusqu'à la deuxième cataracte, sur une longueur de 2.800 kilomètres. Il y a là, en formation, un vaste empire, dont certaines parties puvent rivaliser avec les contrées les plus fertiles. Les Anglais ne l'ignorent pas ; aussi n'ont-ils pas craint de recommencer une coûteuse conquête et, vainqueurs, de conclure avec leur allié un *condominium* irrégulier dans la forme, mais qui atteste la sincérité de leur foi dans l'avenir de ces territoires. Par cela même qu'ils ont tenté de donner au Soudan un autre statut qu'à l'Egypte et qu'ils s'en sont réservé la possession à peine déguisée, ils ont montré le cas qu'ils en faisaient et les avantages qu'ils croyaient pouvoir s'en promettre.

« N'aperçoit-on pas les éléments d'une transaction ? La constitution de ce nouveau domaine ne crée-t-elle pas une conjoncture favorable? Pourquoi le Soudan ne deviendrait-il pas la rançon de l'Egypte? »

Ce serait, en effet, une solution ingénieuse de la *question égyptienne*, mais il faudrait le consentement de la Turquie et de *toutes* les puissances signataires du traité de Berlin : or, l'honorable M. de Freycinet sait, par expérience, que les Conférences internationales ayant pour objet des questions de cette nature, sont difficiles à réunir et qu'elles ne donnent pas toujours des résultats pratiques.

En attendant, souhaitons, pour l'Egypte et pour les capitalistes européens qui lui ont facilité les moyens d'augmenter si rapidement sa prospérité, que le coton continue à se vendre au prix actuel ; qu'aucun excès grave de spéculation ne vienne compromettre les merveilleux résultats acquis pendant les dix dernières années.... et que lord Cromer y reste encore longtemps le conseiller du khédive Abbas-Hilmi et de ses ministres.

FIN

TABLE DES MATIÈRES

I.   Quelques pages d'histoire................

II. Le Nil, son cours, son régime, son rôle écono-
     mique................................. 29

III. La Dette publique de l'Egypte............. 49

IV. Les Finances égyptiennes : Budget des recettes
     et des dépenses......................... 77

V.   Administration. — Population 89

VI. Le Soudan égyptien 101

VII. L'Agriculture égyptienne.................. 119

VIII. Le Commerce extérieur, la Balance commerciale
     de l'Egypte............................ 145

IX. Les Sociétés anonymes (p. 161). — Le Marché
     financier (p. 170). — Les Banques (p. 175). —
     La Circulation monétaire de l'Egypte (p. 181) 161

X.   Le Canal de Suez (p. 189). — Les Chemins de
     fer (p. 209). — La Navigation maritime (p. 219) 189

     Conclusions............................ 225